Menorca

Angelika König

W0087889

▶ Dieses Symbol im Buch verweist auf den großen Faltplan!

direkt

Benvinguts! – Willkommen

Unterwegs auf Menorca

Menorca 15 x direkt erleben

Maó und der Südosten 30

Maó 30   Es Castell 42   Sant Lluís 47
Cala d'Alcafar 49   S'Algar 52   Punta Prima   53
Torret/Torret de Baix 54   Binibèquer (Binibeca) 54
Es Canutells 56   Sant Climent 56   Cala en Porter 56

direkt 1 | **Koloniales Flair – Rundfahrt durch den Hafen von Maó** 31
Kein Menorca-Besucher sollte sich die Schiffstour durch den
größten Naturhafen des Mittelmeers entgehen lassen.

direkt 2 | **Ein Meisterwerk militärischer Baukunst – La Mola von Maó** 37
Die weitläufige Festungsanlage an der Hafenmündung ist ein
imponierendes Jahrhundertwerk.

direkt 3 | **Natur pur – Wanderung durch den Naturpark von Es Grau** 43
Egal ob man Vögel beobachten oder einfach nur wandern will,
hier ist der beste Platz für Naturfreunde.

direkt 4 | **Weißwein modern – das Weingut von Binifadet** 49
Edle Tropfen, eine futuristische Bodega und die interessante
Geschichte des menorquinischen Weinanbaus lohnen den
Besuch in Binifadet.

Migjorn und die Inselmitte 58

Alaior 58   Son Bou 62
Es Migjorn Gran 67   Sant Tomàs 67
Es Mercadal 68   Fornells 75   Cap de Cavalleria XX
Son Parc 80   Arenal d'en Castell 80

Ciutadella und der Westen 82

Benvinguts
Mein heimliches Wahrzeichen

Einsame Strände und türkisblaues Meer findet man an vielen Stellen der menorquinischen Küste, aber das wahre Herz der Mittelmeerinsel schlägt im Landesinnern. Dort offenbaren sich die versteckten Reize Menorcas: sanftgewelltes Hügelland, saftig grüne Wiesen, auf denen rotbraune Kühe, Esel und pechschwarze Pferde weiden, archaisch anmutende Gattertore aus dem Holz der vom Wind skurril geformten, wilden Olivenbäume und über Jahrhunderte von Menschenhand aufgeschichtete Trockensteinmauern.

Überblick

Der Flughafen Menorcas liegt im Osten, unweit der Hauptstadt Maó. Von dort schlängelt sich eine knapp 50 km lange Hauptstraße quer durch die 700 km² große Insel. Verschiedene Stichstraßen führen fischgrätenartig zur Nord- oder Südküste. An der 220 km langen Küste trotzen hohe Steilhänge den Wellen, schroffe Felsen stürzen sich dramatisch ins Meer, kleine Felsinseln bieten Seevögeln Brutplätze, die weiß schäumende Gischt nagt an den Fundamenten der Insel und fjordartige Meeresarme reichen tief ins Land hinein. Der beste Schutzhafen ist der fast 6 km lange Einschnitt im Osten der Insel, der als größter Naturhafen im Mittelmeer gilt. Im Norden öffnet sich die weite Bucht von Fornells und im Westen liegt der idyllische Hafen von Ciutadella, deren Altstadt zu den schönsten Spaniens gehört.

Kleine Orte und viel unberührte Natur

Die Insel gliedert sich in acht Gemeinden mit insgesamt rund 90 000 Einwohnern. Neben den beiden Städtchen Maó und Ciutadella, in denen jeweils ein knappes Drittel der Einwohner lebt, findet man im Landesinneren viele kleine Ortschaften fernab vom Meer. Weite Teile der Küste sind unbebaute Naturgebiete. Wanderer können dort auf einem historischen Küstenpfad, dem Camí de Cavalls, einmal rund um die Insel spazieren. Im Nordosten erstreckt sich der Naturpark **Albufera des Grau** (▶ J 4/5) mit seinem großen Feuchtgebiet. Die Inselmitte ist Hügelland. Die flachen Gebiete im Osten und Westen eignen sich gut für Fahrradtouren.

Strände und Feriengebiete

Bei den meisten Sandstränden handelt es sich um kleine Buchten, die sich zwischen hohen Küstenfelsen verbergen. Im Süden findet man an den beiden längeren Badestränden von Son Bou und Sant Tomàs sowie an der halbmondförmigen Bucht von Cala Galdana angenehme Feriengebiete. Die meisten Hotelbetten stehen rund um Ciutadella. Gute Stadthotels sind in fast allen Orten zu finden. Rund um Ciutadella und Sant Lluís gibt es außerdem schöne Landhotels.

Maó und der Südosten

Mindestens einen Urlaubstag sollte man der Hauptstadt **Maó** (▶ J 6) und ihrem wunderbaren Naturhafen widmen, den man nur bei einer Hafenrundfahrt in allen Details kennenlernt. Die idyllische Bucht von Cales Fonts in der Nachbarstadt **Es Castell** (▶ J 6) bietet zahlreiche Speiselokale und der Ort **Sant Lluís** (▶ J 7) ist Ausgangspunkt für eine Fahrt entlang der Südostküste mit ihren weißen Dörfern. In **Cala en Porter** (▶ G 6/7) lädt die berühmte **Höhle von Xoroi** zu einem Drink ein und die prähistorischen Begräbnishöhlen von **Cales Coves** sind ein ganz besonderes Ziel für Inselentdecker.

Migjorn und die Inselmitte

Die auf dem Hügel gelegene Stadt **Alaior** (▶ G 5) ist Zentrum der Käseproduktion und Ausgangspunkt für Entdeckungsreisen im südlichen Inselteil, der von den Einheimischen **Migjorn** (▶ E 5), nach dem gleichnamigen Südwind, genannt wird. Es handelt sich um ein Kalksteinplateau, in das Regenwasser über Jahrmillionen tiefe Rinnen gegraben hat. In diesen windgeschützten, feuchten Tälern haben die Bauern Obstplantagen mit Zitronen-, Orangen- und Pfirsichbäumen angelegt. Mehr als 20 fruchtbare bis zu 50 m tiefe Schluchten, durch die manchmal ein kleiner Wildbach plätschert, öffnen sich am Meer zu blütenweißen Badebuchten, in denen das Azurblau des Himmels mit dem kristallklaren Türkis des Wassers konkurriert. Dort gibt es überall verwunschene Badeplätze, schattige Kiefernwälder und Strände, die einen an die Karibik denken lassen. Im Landesinneren warten prähistorische Siedlungen auf Besucher.

Am Fuße des höchsten Berges, des Monte Toro (357 m), liegt die idyllische Ortschaft **Es Mercadal** (▶ F 4). Sie ist Heimat von Zuckerbäckern, Weinbauern und den besten Küchenchefs der Insel und dient als Ausgangspunkt für eine Fahrt in das **Tramuntana**-Gebiet. Die weite Bucht von Fornells bietet zahlreiche Wassersportmöglichkeiten und den besten Langusteneintopf der Insel. Im Norden findet man außerdem unberührte Naturstrände, die Kakteengärten der Feriensiedlung Playas de Fornells, den Golfplatz von Son Parc und die halbmondförmige Sandbucht von Arenal d'en Castell.

Ciutadella und der Westen

Die Ortschaft **Ferreries** (▶ E 4) ist Heimat von Schuhherstellern, Käseproduzenten und Sitz des Naturkundemuseums. Nur etwa 7 km sind es bis zum Traumstrand Cala Galdana, der von ausgedehnten Waldgebieten umgeben ist. Die an der Westküste gelegene alte Bischofs- und Adelsstadt **Ciutadella** (▶ A/B 3) verdient einen ausgiebigen Besuch. In der Umgebung lohnt es sich, die **Naveta des Tudons** (▶ B 3), eine prähistorische Begräbnisstätte, und das Steinbruchmuseum **Ses Pedreres de s'Hostal** (▶ B 3) zu besichtigen. Weiter südlich warten die schönen, unberührten Strände von Son Saura, Cala en Turqueta und Cala Macarella auf Badegäste.

Felswände vor tiefblauem Meer – Cales Coves

Schlaglichter und Impressionen

Spröde Schönheit

Dunkler Schiefer, steinige Felder, stachelige Vegetation und eine flache Landschaft ohne besondere Höhen und Tiefen lassen die Insel anfangs recht monoton erscheinen. Aber der erste Eindruck täuscht, denn bei Streifzügen durch duftende Kiefern- und Steineichenwälder, über grüne Weiden und blühende Wiesen lernt man die verborgenen Schönheiten der Insel kennen: gepflegte Gemüsegärtchen, Orchideen, die in feuchten Talsohlen blühen, blitzsaubere Bauernhöfe und blumenumrankte schneeweiße Ferienhäuser. Schon im Januar verwandeln sich die grünen Felder in gelbe Blütenteppiche, auf denen pechschwarze Pferde weiden und mehr als 20 000 Kühe grasen, deren Milch für die Herstellung des berühmten menorquinischen Kuhkäses verwendet wird. Oft gibt es im Winter lange sonnige Perioden mit Temperaturen um die 15 °C. Nur ab und zu fegt ein kräftiger Nordwind über die Insel, beugt knorrige Olivenbäume und formt Sträucher zu stacheligen Kissen, aus denen im Frühjahr winzige Blüten sprießen. Dann sind alle Felder mit leuchtend roten Mohnblumen und blauen Disteln überzogen und gelber Hornklee säumt in goldenen Bändern die Straßenränder.

Steine wie Sand am Meer

Schon immer haben Feldsteine zum Bau von landwirtschaftlichen Gebäuden und Steinmauern gedient. Ins Auge fallen die zahlreichen pyramidenförmigen *barraques* oder die hüttenähnlichen *ponts de bestiar*, die besonders rund um Ciutadella als Viehställe benutzt werden. Die *parets seques*, Trockensteinmauern, überziehen die Insel wie ein Spinnennetz und begrenzen die einzelnen Besitztümer. Die geschlossenen Ackerbauflächen ermöglichen eine unterschiedliche Nutzung der einzelnen Felder und machen Zäune überflüssig. Gleichzeitig verhindern die Mauern, dass das Vieh auf die Landstraße läuft und bieten Schutz gegen Wind und Bodenerosion. Nicht selten sieht man die *paredadores* (Mauerbauer) bei Ausbesserungsarbeiten alter Steinmauern, aber auch neue Mauern werden immer noch gemäß der alten Technik »trocken«, d. h. ohne Bindemittel, zusammengesetzt. Die Menorquiner behaupten, dass sich die Gesamtlänge dieser Mauern auf der ganzen Insel auf etwa 15 000 km beläuft. Im Südosten Menorcas findet man die kleinsten Landparzellen und somit die meisten Steinmauern.

Das britische Erbe

Fast das gesamte 18. Jh. war Menorca in britischer Hand. Drei Regierungszeiten mit insgesamt 70 Jahren britischer Herrschaft sind natürlich nicht spurlos an der Insel vorübergegangen. Besonders in der Architektur wird der englische Einfluss deutlich: Rote Hausfassaden alter Kolonialhäuser, wie man sie besonders rund um Maó sehen kann, englische Vertikalschiebefenster und die vorgebauten Erkerfenster, die die Engländer *bow window* und die Menorquiner *boinder* nennen, sind Merkmale aus britischer Zeit.

Viele Wörter sind von den Insulanern direkt aus dem Englischen in den menorquinischen Sprachgebrauch über-

Abarcas – sommerliches Schuhwerk fur Fischer, Pfarrer, Filmstars ...

nommen worden. Und auch der hochprozentige Wacholderschnaps, der den Einheimischen schon zum Frühstück schmeckt, wurde einst von den Briten eingeführt. Die Engländer brachten nicht nur neues Brauchtum, sondern sie bauten auch die englische Garnisonsstadt Es Castell, die idyllische Inselstraße Camí d'en Kane und verschiedene Festungsanlagen, die bis heute erhalten sind.

Wo die Wiege der Mayonnaise stand

Als Herzog Richelieu, ein Großneffe des Kardinals, im Jahre 1756 seinen Fuß auf die Insel setzte, war er so enttäuscht, dass er eigentlich gleich wieder umkehren wollte. Aber vorher musste er seine Pflichten erfüllen: die Engländer vertreiben, die Stadtgründung von Sant Lluís in Auftrag geben und einen Inselgouverneur ernennen. Erst dann konnte er an seine eigene Rückreise denken. Vorher jedoch unternahm er ein paar Streifzüge über die Insel, auf denen er dann doch die versteckten Schönheiten Menorcas entdeckte. Bei der Einkehr in einen abgelegenen Bauernhof lernte er die *Salsa Mahonesa* kennen. Der Herzog war von der cremigen, kalt geschlagenen Sauce derart begeistert, dass er die Bäuerin um das Rezept bat, wodurch dieses seinen Weg in die französischen Kochbücher fand. Herzog Richelieu soll später in seinem Tagebuch vermerkt haben, dass für ihn persönlich das einzig Lohnenswerte an der Eroberung Menorcas seine ganz zufällige Entdeckung der Mayonnaise war.

Abarcas – menorquinische Riemensandalen

Die derben Riemensandalen der Landarbeiter, die man an der Sohle aus Autoreifen erkennt, sind ganz groß in Mode gekommen. Mit jeder Sommersaison gibt es neue Modelle in neuen Modefarben. Auch Künstler und Schmuckhersteller versuchen sich bei der Verzierung und Verschönerung der flachen, eher einfachen Sandalen. Fischer und Fotomodelle, Filmstars und adlige Palastbesitzer tragen die menorquinischen Sandalen im Sommer ebenso wie die meisten Feriengäste. Und die Insulanerinnen

Sommerliche Reiterfeste finden in allen Orten der Insel statt

haben alle gleich mehrere Paare im Schrank – für jedes Kleid die passende Farbe.

Menorquí – katalanische Mundart

Als Menorca von den Mauren zurückerobert war, brachten die katalanischen Neusiedler Ende des 13. Jh. ihre eigene Kultur und Sprache auf die Insel. Seitdem wird auf Menorca Katalanisch gesprochen und so gut wie alle Hinweisschilder sind in dieser Sprache geschrieben. Das Katalanische ist neben dem Kastilischen auf allen Baleareninseln offizielle Amtssprache. Eine vom Katalanischen abweichende Besonderheit der Balearen sind die Artikel *Sa, Es, Ses, Els,* die dem spanischen *La, El, Las, Los* entsprechen. Der Menorca-Reisende begegnet diesen Wörtern immer wieder am Wegesrand. Die Bezeichung *Son* bedeutet Anwesen oder Landgut. So findet man bei Streifzügen die Strände von Son Saura, das Landgut Ses Truqueries und das Waldgebiet von Sa Roca.

Festes de Sant Joan – das Johannisfest

Ab Anfang Juni tauchen merkwürdige Dinge in den Schaufenstern von Ciutadella auf, Fenster und Balkone werden mit roten Fahnen geschmückt, immer öfter trifft man auf Reiter mit ihren pechschwarzen Pferden, die sich auf das größte Reiterfest der Insel vorbereiten. Prozessionen, der Tanz der Pferde und mittelalterliche Reiterspiele sind die Hauptattraktionen der Festakte, aber auch Konzerte, Kinderfeste, Feuerwerke und sportliche Wettkämpfe gehören zum Festtagsprogramm. Religiöse, historische und volkstümliche Elemente vermischen sich beim Johannisfest zu einem überschäumenden Festtagsvergnügen, bei dem die Stadt jedes Jahr aus allen Nähten platzt, der Wacholderschnaps in Strömen fließt und die Menorquiner ihre sprichwörtliche Gelassenheit für einige Tage vergessen.

Orgelkonzerte und sommerliche Musikfestivals

Die Orgel der Kirche Santa Maria von Maó ist ein wahres Prachtinstrument. Sie wurde 1809 bei Barcelona gebaut, besitzt mehr als 3000 Orgelpfeifen und ihre verschiedenen Register ermöglichen eine unglaubliche Klangvielfalt, deren Brillanz und Potenz von allen Spezialisten gelobt wird. Im Juli und August findet alljährlich ein Orgelfestival statt, zu dem neben bekannten Organisten auch Chöre, Opernsänger und Kammerorchester aus aller Welt geladen werden. Musikalische Leckerbissen sind außerdem die halbstündigen Matineen (Martins a l'Orgue), bei denen junge Organisten ihr Können unter Beweis stellen. Auch in der Kathedrale von Ciutadella kann man in der Sommersaison jeden Vormittag Orgelkonzerten lauschen. Ein weiteres Highlight sind die sommerlichen Konzertzyklen, die im Juli und August in historischen Gebäuden in Ciutadella, Maó und Fornells stattfinden.

Natürliches und kulturelles Erbe als Zukunft der Insel

Ihrem reichen natürlichen und kulturellen Erbe, den zahlreichen endemischen Tier- und Pflanzenarten und der von Menschenhand gestalteten und genutzten Kulturlandschaft ist es zu verdanken, dass Menorca 1993 von der UNESCO zum Biosphärenreservat erklärt wurde. Mehr als 30 % der Insel, darunter ein großer Teil der Küstengebiete, stehen unter Naturschutz, viele Menorquiner sind aktiv im Umweltschutz tätig und die Umweltschutzgruppe der Balearen (GOB) hält ein wachsames Auge auf negative Veränderungen und Umweltsünden. Zu hoffen bleibt, dass trotz steigender Einwohner-, Zuwanderer- und Besucherzahlen, erhöhten Verkehrsaufkommens, wachsender Müllberge und zunehmenden Wasserverbrauchs weiterhin die offensichtlichen und versteckten Reize, der besondere, herbe Charakter der Insel, die geringe Kriminalitätsrate und die Freundlichkeit ihrer Einwohner erhalten bleiben.

Daten und Fakten

Lage/Ausdehnung: Menorca ist die nordöstlichste Insel der Balearen, sie liegt auf ca. 40° nördlicher Breite, ist ca. 50 km lang und um die 20 km breit. Die Inselfläche beträgt 700 km² und die Küstenlinie etwa 220 km.
Höchste Erhebungen: Monte Toro (357 m), S'Enclusa (276 m), Santa Àgueda (264 m).
Bevölkerung: 90 000; Hauptstadt: Maó (span. Mahón), 30 000 Einwohner.
Religion: überwiegend römisch-katholisch.
Sprache: Katalanisch (als menorquinischer Dialekt) und Kastilisch.
Verwaltungsstruktur: Die Insel Menorca ist in acht Gemeindebezirke gegliedert und wird vom Consell Insular (Inselrat) verwaltet, der der Regierung der Balearen in Palma de Mallorca untersteht. Die Balearen sind eine Autonome Region (wie ein deutsches Bundesland).

Geschichte, Gegenwart, Zukunft

Die Ureinwohner

Die ersten Siedler Menorcas gelangten, vermutlich aus Südfrankreich, vor mehr als 4000 Jahren auf die Insel. Sie wohnten anfangs in Felsgrotten und lebten als Jäger und Sammler. Ab der prätalaiotischen Zeit (2000–1600 v. Chr.) begannen sie mit dem Bau von Steinkistengräbern und bootsförmigen Wohnstätten. In der Talaiotzeit (ab 1600 v. Chr.) entstanden Begräbnisstätten, Türme und Steintische, von denen bis heute eine große Anzahl erhalten ist.

Römer und Mauren

Im Jahre 123 v. Chr. wurden die Balearen von den Römern unter Quintus Caecilius Metellus erobert. Auf Menorca entstanden die Orte Iamo im Westen, Mago im Osten und Sanisera im Norden. Während die ersten frühchristlichen Basiliken gebaut wurden, beschrieb Bischof Severus im Jahre 417 die Insel in seiner Enzyklika. Zwischen 454 und 534 war Menorca Teil des Vandalenreiches und wurde dann ab 534 unter dem oströmischen Kaiser Justinian dem Byzantinischen Reich angegliedert. 902 geriet die Insel fest in die Hand der Araber (Mauren) und Medina Minurka (das heutige Ciutadella) wurde zur Hauptstadt erklärt.

Die christliche Rückeroberung

Im Jahre 1287 landete König Alfons III. im Hafen von Maó, um Menorca von den Mauren zu befreien und es der katalanisch-aragonesischen Krone zu unterstellen. Ab 1293 gründete König Jaume II. Pfarrgemeinden und verteilte die Landgüter unter den Adelsfamilien. Im 14. Jh. entstanden die Orte Alaior, Es Mercadal und Ferreries, in Maó wurden die Stadtmauern gebaut und in Ciutadella entstand die Kathedrale.

Die Piratenplage

1535 wurden bei einem Piratenüberfall durch die osmanische Flotte unter Khair ed-Din (Barbarossa) Stadt und Hafen von Maó verwüstet. Ab 1554 entstand das Castell de Sant Felip, um die Stadt vor weiteren Überfällen zu schützen. 1558 zerstörten Piraten unter Mustafà i Piali Ciutadella und entführten mehr als 3000 Einwohner nach Konstantinopel. Die Piratenplage führte im 17. Jh. zum Ausbau von Stadtmauern und Befestigungsanlagen an der gesamten Küste.

Die britische Zeit

Das 18. Jh. wurde weitgehend von den Engländern geprägt. Während der ersten britischen Herrschaftszeit (ab 1713) verlegte Gouverneur Richard Kane die Hauptstadt nach Maó und ließ die erste Inselhauptstraße bauen. Nach einem kurzen französischen Zwischenspiel (1756–63) wurde die Insel im Vertrag von Paris erneut den Briten übergeben. Die zweite Herrschaftszeit der Briten endete 1782, als Menorca von den Spaniern zurückerobert wurde. Im Jahre 1798 erfolgte eine dritte und letzte Besatzungszeit der Engländer und erst im Jahre 1802 fiel Menorca durch den Friedensvertrag von Amiens endgültig zurück an Spanien. Bis heute sind besonders in der Architektur und Sprache zahlreiche Einflüsse aus britischer Zeit erhalten geblieben.

Bürgerkrieg und Diktatur

Während des Spanischen Bürgerkriegs (1936–39) stand Menorca mehrheitlich auf Seiten der Republikaner und wurde erst zum Kriegsende in die Kampfhandlungen verwickelt. Viele Regimegegner wurden nach dem Ende des Bürgerkriegs in das politische Gefängnis der La-Mola-Festung gesperrt. Während der Franco-Diktatur erlitten die Insulaner eine entbehrungsreiche Zeit.

Demokratie und Tourismus

Nach dem Tod des Diktators Franco (1975) formierte sich im Jahre 1979 der erste Inselrat (Consell Insular de Menorca) und 1983 wurde Menorca Teil der Autonomen Region Illes Balears, deren Regierung in bestimmten Bereichen eigenständige Kompetenzen besitzt. Katalanisch und Kastilisch sind seitdem gleichberechtigte offizielle Amtssprachen. Nach zaghaften Ansätzen in den 1960er- und 1970er-Jahren erlebte die Tourismusindustrie in den 1980er-Jahren ihren ersten Boom.

Umweltschutz und Klimawandel

Seit Menorca im Jahre 1993 von der UNESCO zum Biosphärenreservat erklärt wurde, bemüht sich der Inselrat um ein Gleichgewicht zwischen wirtschaftlicher Entwicklung und Erhaltung der natürlichen Werte. Bei einer Massendemonstration im Jahre 1999 sprachen sich mehr als 6000 Menorquiner für einen totalen Baustopp aus. Die kurzzeitige Einführung der umstrittenen ›Ökosteuer‹ fand in der Tourismusbranche jedoch wenig Anklang. Ein neuer Raumordnungsplan (PTI) legte im Jahre 2003 die Zahl der zulässigen Neubauten für die kommenden Jahre fest. An der Nordküste entstand ein Meeresreservat. Die Weltwirtschaftskrise seit 2008 führte auch auf Menorca zu rückläufigen Besucherzahlen, wodurch viele kleine Unternehmen schließen mussten und immer noch müssen. Die Krise stellt jedoch auch eine Chance für die Entwicklung von neuen Projekten in den Bereichen Umweltschutz und sanfter Tourismus dar.

Britischer Verteidigungsturm aus dem 18. Jh. vor der Festung von La Mola

Übernachten

Auf Menorca stehen rund 45 000 Fremdenbetten in über 100 Hotels, Pensionen, Apartmentanlagen, Ferienhäusern und Landgasthöfen zur Verfügung. Die Unterkunftsbetriebe an der Küste sind nur in der Feriensaison geöffnet. In den Ortschaften des Landesinneren finden Urlauber und Geschäftsreisende jedoch ganzjährig Hotels und Pensionen in verschiedenen Kategorien.

Buchung

Während in der Nebensaison überall freie Zimmer zu finden sind, ist dringend davon abzuraten, zwischen Mitte Juni und Mitte September ohne Reservierung anzureisen! Viele Hotel- und Apartmentanlagen sind nur über Reiseveranstalter buchbar. Ferienhäuser findet man am einfachsten in den Katalogen spezialisierter Veranstalter und über Internetanbieter.

Buchungszentralen:
www.visitmenorca.com
www.menorca.es
www.menorcaok.com
www.interhome.com
Hotelketten:
www.solmelia.com
www.sethotels.com
www.artiemhotels.com
www.barcelo.com
www.grupotel.com

Preise

Für einfache Unterkünfte (Pensionen sowie 1- und 2-Sterne-Hotels) zahlt man im Durchschnitt 40–80 € pro DZ, in Mittelklassehotels 80–150 €, in 4- und 5-Sterne-Hotels ab 150 €. Einzelzimmer kosten ca. 70 % eines Doppelzimmers. Die Preise im Kapitel ›Unterwegs‹ (s. S. 28) beziehen sich, wenn nicht anders angegeben, auf eine Übernachtung im Doppelzimmer (DZ) für zwei Personen mit Frühstück.

Hotels und Pensionen

Alle Hotels sind in verschiedene Kategorien (1–5 Sterne) gegliedert. Auf der Website des Fremdenverkehrsamtes (www.menorca.es) und der Hotelvereinigung Menorcas (www.visitmenorca.com) sind viele Hotels und Anlagen beschrieben und mit eigener Website angegeben. Preiswerte Pensionen und Hostals (1–2 Sterne) gibt es im Zentrum von Maó, Ciutadella und Es Mercadal. Doch die Zimmer sind oft von Saisonarbeitern (Hotelangestellte, Kellner, Bauarbeiter) für längere Zeit belegt.

Ferienwohnungen

Apartments sind in drei Kategorien (ein bis drei Schlüssel) eingeteilt und verfügen über ein oder mehrere Schlafzimmer, ein Wohnzimmer mit Einbauküche (Kühlschrank, Kochgelegenheit, Geschirr) sowie Balkon oder Terrasse. Das Angebot ist groß und vielseitig. Apartmentkomplexe, fast ausschließlich an der Küste zu finden, können meist nur über Veranstalter gebucht werden. Ferienhäuser mit

Garten und eigenem Pool gibt es vor allem an der Südküste.

All inclusive

Auch auf Menorca haben sich, sehr zum Leidwesen der ortsansässigen Restaurant- und Ladenbesitzer, mehrere Strandhotels dem All-inclusive-Tourismus verschrieben. Es handelt sich meist um Häuser mit alter Bausubstanz. Sämtliche Mahlzeiten und die meisten Getränke sind dabei im Reisepreis inbegriffen. Allerdings machen die Qualität der Buffets und der angebotenen Alkoholika sowie die oft überarbeiteten Kellner einen Urlaub in diesen Unterkunftsbetrieben in vielen Fällen wenig empfehlenswert.

Hoteles rurales und Agroturisme

Für Gäste, die absolute Ruhe, traditionelle Kost und den Kontakt zu Land und Leuten suchen, sind die Unterkünfte im Landesinneren ideal. In die Kategorie ›Urlaub auf dem Bauernhof‹ fallen die sehr luxuriösen und teuren Hoteles rurales, auf deren Ländereien keine Landwirtschaft mehr betrieben wird, und die einfacheren und preiswerteren Höfe des Agroturisme, die sich weiterhin dem Ackerbau und der Viehzucht widmen. Das Angebot ist bisher noch nicht sehr groß, in den nächsten Jahren werden aber weitere Landgasthäuser dazukommen. Eine Liste solcher Unterkünfte ist bei den örtlichen Fremdenverkehrsbüros erhältlich.

Camping

Die beiden Campingplätze Menorcas liegen im südlichen Teil der Insel, mehrere Kilometer von der Küste entfernt bei Cala Galdana (Kategorie 3, s. S. 90) und Son Bou (Kategorie 1, s. S. 65). Wildes Campen ist auf der ganzen Insel nicht gestattet. Auch für Wohnwagen gibt es, außer auf den beiden Campingplätzen, kaum geeignete Stellplätze.

Jugendherbergen

Auf Menorca stehen mehrere Jugendherbergen und Zeltlagerplätze für Kinder und junge Leute zur Verfügung. Diese Einrichtungen werden in erster Linie von spanischen Schülergruppen genutzt und sind meistens ausgebucht. Seit Sommer 2009 gibt es für Einzelreisende auch ohne Voranmeldung angenehme Schlaf- und Aufenthaltsräume in der modern ausgestatteten Jugendherberge Sa Vinyeta bei Ciutadella: Ronda Nord, km 3,5, Tel. 971 48 77 63, www.injovemenorca.com.

Wellness-Hotels

Fitnessräume, Schönheits- und Massagesalons, Sauna und Hallenbäder findet man in verschiedenen 4- und 5-Sterne-Hotels in Maó, Es Castell, Ciutadella, Son Xoriguer, Cala Galdana, Son Bou und Sant Tomàs (Adressen unter den jeweiligen Orten). Die Spa-Einrichtungen können auch von Gästen aus anderen Hotels gegen entsprechende Bezahlung und nach Anmeldung genutzt werden.

Essen und Trinken

Spezialitäten – Gemüse, Fleisch, Fisch

Die menorquinische Küche bietet neben Fisch und Fleisch, Nudelgerichten und Reispfannen auch viele Gemüsespezialitäten wie gefüllte, im Ofen überbackene Zucchini, Auberginen oder Zwiebeln sowie deftige Kohleintöpfe. Viele rustikale Restaurants im Landesinneren bereiten Fleisch auf dem Holzkohlegrill zu. Kaninchen, Hühnchen und Lammbraten aus dem Ofen stehen dort ebenfalls auf der Speisekarte. ›Schweinefleisch mit Kohl‹ oder ›Zunge mit Kapern‹ gehören zum Standardprogramm menorquinischer Rezeptbücher.

Bei Fisch und Meeresfrüchten kommen Garnelen, Meerbarben und Tintenfische aus dem eigenen Fang auf den Tisch, Seezunge, Schwertfisch oder Seehecht werden tiefgekühlt vom Festland geliefert. Die *Caldereta de Llagosta*, ein suppenartiger Langusteneintopf, ist Menorcas Nationalgericht, für das man tief in die Tasche greifen muss (60–70 € pro Pers.). Preiswerter sind die *Caldereta de Peix* (mit Fisch) oder die *Caldereta de Marisc* (mit Meeresfrüchten).

Kulinarischer Tagesablauf

Das Frühstück der Einheimischen besteht oft nur aus einem Milchkaffee und einem Croissant oder einer *Ensaïmada* (mit Puderzucker bestreute Hefeteigschnecke). Erst zum zweiten Frühstück nach 10 Uhr gibt's dann ein belegtes Brötchen (*Bocadillo*) oder ein Stück Kartoffelomelett (*Tortilla española*). Die meisten Hotels servieren jedoch ein reichhaltiges Frühstücksbuffet. Mittagessen wird in traditionellen Lokalen nicht vor 13 Uhr und spätestens bis 16 Uhr serviert. Für das Abendessen erwartet man die ersten Gäste ab 20.30 Uhr. Snackbars und die meisten Restaurants an der Küste haben dagegen durchgehend geöffnet.

Tapas (katalanisch: Tapes)

Wie überall in Spanien werden auch auf Menorca Tapes angeboten: *Pilotes* (Hackfleischbällchen), *Popets amb ceba* (Tintenfischchen mit Zwiebeln) oder *Patates braves* (Kartoffeln mit scharfer Sauce) findet man in fast jeder Bar. Einen richtigen Tapes-Abend verbringt man am besten im Es Casino in Sant Climent, in der Tapa-Bar Taverna d'es Port am Hafen von Maó oder im La Rueda in Sant Lluís, denn dort ist die Auswahl riesengroß.

Getränke

Neben menorquinischem und spanischem Wein sowie Erfrischungsgetränken, Säften und Bier vom Festland gibt es eine ganze Reihe typischer Spirituosen und Liköre, darunter *Herbes* (Kräuterlikör), *Camamil·la* (Kamillenlikör), *Palo* (aus Johannisbrot und Chinarinde), *Calent* (aus Wein, Alkohol, Kräutern und Gewürzen) und der menorquinische Wacholderschnaps *Gin Xoriguer*.

Seit Sommer 2009 wird auf Menorca auch eigenes Bier gebraut. Die inseleigene Brauerei befindet sich im Industriegebiet von Ciutadella und braut ein leichtes Bier, das unter der Marke Illa in Bars und Restaurants zu finden ist.

Restaurantstraßen

In den beiden Städtchen Ciutadella und Maó spielt sich das abendliche Treiben am Hafen ab. Dort findet man nicht nur Cafés und Nachtbars, sondern auch eine große Auswahl an Speiselokalen. Tür an Tür drängen sich Fischlokale, Pizzerien, Tapes-Bars, aber auch Crêperien und Eisdielen. Ein weiterer Publikumsmagnet im nächtlichen Restaurantbetrieb ist die Hafenbucht Cales Fonts in Es Castell. Als gastronomisches Zentrum der Insel gilt die Ortschaft Es Mercadal (s. S. 68).

Menüfolge

An der Küste haben sich Restaurants und Hotels auf mitteleuropäische Sitten eingestellt, im Landesinneren dominieren dagegen spanische Regeln: Dies gilt für die Essenszeiten genauso wie für den Umfang der Bestellung. In besseren Restaurants (mit weiß gedeckten Tischen) sollte man die komplette Menüfolge (Vorspeise, Hauptgericht, Nachspeise) einhalten. Mit Hinweis auf die schlanke Linie kann man schon mal die Dessert ausfallen lassen und stattdessen einen Kaffee bestellen. Oft teilen sich auch zwei Personen eine Vorspeise. Für den kleinen Hunger sind Tapes- und Snackbars die bessere Adresse.

Preisniveau

Ein durchschnittliches Menü mit drei Gängen und einer halben Flasche Wein kostet zwischen 30 und 50 €. Wer gerne einkehren möchte, ohne die Brieftasche allzu sehr zu strapazieren, sollte mittags nach den günstigen Tagesmenüs Ausschau halten; sie werden oft auch von sehr feinen Lokalen für etwa 15 € angeboten. Empfehlenswert sind auch die reichhaltigen Mittagsbuffets vieler 4-Sterne-Hotels, wo man für rund 18 € oft schon richtig schlemmen kann. Abends fällt die Rechnung in Pizzerien und Tapes-Lokalen am preiswertesten aus.

Die Rechnung

Rechnungen werden normalerweise pro Tisch ausgestellt. Ist getrennte Abrechnung erwünscht, sollte dies bei der Bestellung unbedingt angegeben werden. Mehrwertsteuer (10 % IVA) wird oft extra berechnet, bessere Restaurants kassieren zusätzlich noch einen Aufschlag für das Brot oder Gedeck (1–2 €). Bei gutem Service lässt man für den Kellner das Wechselgeld bzw. 5 % der Rechnung als Trinkgeld zurück.

Freie Tische

So wie alle Spanier sitzen auch die Insulaner gerne mit ihrer Familie, Freunden oder Geschäftspartnern zusammen. Es ist deshalb unüblich, sich unaufgefordert an einen besetzten Tisch zu setzen, auch wenn dort noch Stühle frei sind. In besseren Restaurants wartet man auf den Oberkellner, der den Tisch zuweist, wobei man natürlich seine Wünsche äußern kann. In der Hochsaison ist eine Tischreservierung in besseren Restaurants am besten einen Tag im Voraus empfehlenswert!

Anreise

... mit dem Flugzeug

Die Flugzeit von Mitteleuropa nach Menorca beträgt etwas über zwei Stunden. Die meisten Reisenden buchen eine Pauschalreise, in der Flug, Transfer und Unterkunft eingeschlossen sind. Für die Nur-Flug-Variante zahlt man je nach Saison und Fluggesellschaft zwischen 69 und 400 €. Sondergepäck, Fahrräder und Haustiere müssen frühzeitig angemeldet werden. Direkte Charterflüge gibt es bisher nur in der Sommersaison (Anfang Mai–Ende Okt.) und auch nicht von allen deutschen Flughäfen. Im Winterhalbjahr verbinden Linienmaschinen die Insel mit Palma de Mallorca, Barcelona und Madrid.

Flughafen: Menorcas Aeropuerto de Mahón (Tel. 971 15 70 00) liegt im Osten der Insel, nahe der Hauptstadt. Es besteht eine Linienbusverbindung in die Stadt (Busterminal) und von dort zu anderen Orten der Insel. Am Flughafen stehen auch zahlreiche Mietwagenanbieter und Taxis zur Verfügung. Für weitere Strecken lohnt die Vorausbuchung eines Transferbusses: www.shuttleme norca.com.

... mit dem Schiff

Die Fährgesellschaft Trasmediterránea verkehrt zwischen Barcelona und Maó je nach Saison 3–6 x pro Woche (Dauer: ca. 8 Std., Tel. 00 34/902 45 46 45, www.trasmediterranea.es, Buchung über Internet oder Reisebüros). Die Preise für Autobeförderung und Kabinenplätze sind je nach Monat sehr unterschiedlich. Die Fährgesellschaft Baleària (Tel. 00 34/ 902 160 180, www.balearia.com) setzt ein normales Fährschiff auf der Strecke Barcelona–Maó ein (Fahrzeit 8 Std.) und in der Saison das Schnellboot »Ramón Llull« auf der Strecke Barcelona bis Ciutadella (Dauer 3–4 Std.).

Feiertage

1. Jan.: Any Nou (Neujahr)
6. Jan.: Tres Reis (Dreikönigstag)
1. März: Dia de les Illes Balears (Tag der Balearen)
Karwoche:Gründonnerstag bis Ostermontag
1. Mai: Dia del Treball (Tag der Arbeit)
15. Aug.: Asunció (Mariä Himmelfahrt)
12. Okt.: Dia de la Hispanitat (Tag der Hispanität/Entdeckung Amerikas)
6. Dez.: Dia de la Constitució (Tag der Verfassung)
8. Dez.: Inmaculada Concepció (Mariä Empfängnis)
25. Dez.: Nadal (Weihnachten)

Feste und Events

Tres Reis: 5. und 6. Jan. Nicht an Weihnachten, sondern am Dreikönigstag werden Geschenke verteilt. Am 5. Januar abends kommen die Könige aus dem Morgenland im Hafen von Maó an und ziehen anschließend durch die Straßen der Stadt.

Sant Antoni: 17. Jan. Reiterumzug Els tres tocs (Die drei Klopfer) in Ciutadella, der an die Reconquista von 1287 erinnert; mit anschließender Messe. Es findet ein besonderer Markt statt, auf dem Datteln, Orangen und Palmenblätter verkauft werden.

Karneval: Lustig verkleidete Kinder- und Schülergruppen ziehen durch die Städte, am Samstag finden viele Tanzabende, am Dienstag Umzüge statt und am Aschermittwoch wird unter Wehklagen die Sardine begraben und das Testament des Karnevalskönigs verlesen.

Setmana Santa: Osterwoche, in Maó und Ciutadella werden bei der Karfreitagsprozession Heiligenfiguren durch die Straßen getragen. Am Ostersonntag singen Chöre vor den Kirchen die religiöse Volksweise Deixem lo dol (›Lasst uns die Trauer vergessen‹).

Sant Jordi: 23. April. Zum Georgstag beschenkt man sich im Freundeskreis; in allen Orten bauen Blumenverkäufer und Buchhändler ihre Stände auf. Es finden Dichterlesungen und Buchvorstellungen statt.

Pentecostés: Pfingsten fahren die jungen Leute gern an die Küste, mieten ein Apartment, musizieren und trinken (viel) Alkohol. Urlauber haben meist eine schlaflose Nacht.

Festa de Sant Joan: Ende Juni. Mit dem Johannisfest in Ciutadella beginnen die sommerlichen Patronatsfeiern. Höhepunkte sind die Reiterprozessionen und der Tanz der Pferde am 23. Juni, die mittelalterlichen Reiterspiele am 24. Juni und das Feuerwerk am 25. Juni.

Sant Pere: letztes Juniwochenende. Fest der Seeleute mit Regatta, Spielen, Schwimmwettbewerb und Konzerten am Hafen von Maó.

Verge del Carmen: 12.–16. Juli. Fest zu Ehren der Schutzpatronin der Fischer und Seeleute mit Bootsprozessionen in den Häfen von Maó, Fornells und Ciutadella.

Festes: Patronatsfeiern, Mitte Juli bis Ende August in allen Orten der Insel.

Verge de Gràcia: 7.–9. Sept. in Maó, Marienfest mit vielseitigem Rahmenprogramm (Wettbewerbe, Umzüge mit Pferden und riesigen Figuren, Märkte, Konzerte, Tanz der Teufel mit Feuer speienden Drachen).

Festes de Sant Nicolau: um den 10. Sept. auf dem Monte Toro, dem höchsten Berg der Insel, Kirchweih mit Reiterprozession.

Tot Sants: 1. Nov. An Allerheiligen pflegen die Insulaner die Gräber ihrer Angehörigen. Als Spezialität gibt es leckere Panellets (Marzipan- und Honigplätzchen).

Geld

1 € = 1,21 CHF (Stand: Okt. 2012). Bankautomaten für EC/Maestro- und Kreditkarten gibt es in allen Orten und größeren Feriensiedlungen. Kreditkarten werden in fast allen Hotels, Restaurants und Geschäften akzeptiert, Reiseschecks nur an Bankschaltern. Für die Automiete ist eine Kreditkarte unerlässlich.

Gesundheit

Mit der Europäischen Krankenversicherungskarte (bei der Krankenkasse im Heimatland anfordern) kann man alle staatlichen spanischen Ärzte und Krankenhäuser kostenlos in Anspruch nehmen. Privatversicherte sollten sich eine detaillierte Rechnung ausstellen lassen, um diese nach der Rückreise einzureichen.

Hauptkrankenhaus der Insel
Hospital Mateu Orfila, Ronda de Malbúger 1, Tel. 971 48 70 00 (24-Stunden-Notaufnahme)

Staatliche Ambulanzen
Ciutadella: Carrer St. Antoni Ma Claret, Tel. 971 48 01 11
Maó: Carrer Fornells 106–107, Tel. 971 35 29 90

Privates Arztzentrum
(deutsch-/englischsprachig):
Clinicas Juaneda, Info-Tel. 900 711 711

Deutschsprachiger Zahnarzt
Karsten Seidat, Maó, Tel. 971 35 21 96

Informationsquellen

Spanische Fremdenverkehrsämter im Ausland
10707 Berlin
Kurfürstendamm 63, Tel. 030/882 65 43, berlin@tourspain.es

60323 Frankfurt/M.
Myliusstr. 14, Tel. 069/72 50 33, frankfurt@tourspain.es

40237 Düsseldorf
Grafenberger Allee 100, Tel. 0211/680 39 81, dusseldorf@tourspain.es

80051 München
Postfach 15 19 40, Tel. 089/530 74 60, munich@tourspain.es

1010 Wien
Walfischgasse 8, Tel. 01/512 95 80, viena@tourspain.es

8008 Zürich
Seefeldstr. 19, Tel. 01/252 79 31, zurich@tourspain.es

Infos vor Ort
Ein Infobüro (Oficina de Turismo) findet man am Flughafen (Ankunftshalle – nur im Sommer) sowie in Maó und Ciutadella. Dort steht umfangreiches Informationsmaterial (auch Veranstaltungskalender, Busfahrpläne, Landkarten und Stadtpläne) kostenlos zur Verfügung. Auch Bücher und Postkarten kann man in den Fremdenverkehrsämtern kaufen.

Im Sommer öffnen zusätzliche Informationspunkte in Alaior, Es Castell und Es Mercadal (www.menorca.es).

Adressen der Infobüros:
Maó (Stadtmitte): im Rathaus, Plaça Constitució
Maó (Hafen): Moll de Llevant 2
Ciutadella: im Rathaus, Plaça des Born

Im Internet
www.tourspain.es: gut ausgearbeitete und aktualisierte Website des spanischen Fremdenverkehrsamtes.
www.illesbalears.es: Informationen für die gesamte Inselgruppe.
www.menorca.es: neu gestaltete Website des menorquinischen Fremdenverkehrsamtes, teils noch ausbau- und verbesserungsbedürftig. Informationen zu Aktivitäten, Sehenswürdigkeiten. Buchungsportal für Flüge und Unterkünfte.
www.youtube.com/whattodoinmenorca: In dieser Serie von lustigen Videos zeigt eine Gruppe von jungen Menorquinern einem Neuankömmling die versteckten Winkel der Insel, urige Lokale und trendige Nightspots.

Kinder

Tipps für die Reiseplanung
Wie alle Spanier sind auch die Menorquiner überaus kinderfreundlich. Die Sprösslinge sind bei abendlichen Unternehmungen und Feiern meist bis spät in die Nacht dabei. Auch in den Hotels sind Kinder oft bis Mitternacht auf den Beinen. Deshalb sollte auch die in Spanien übliche Mittagsruhe, besonders in den heißen Monaten Juni, Juli und August, eingehalten werden. In keinem Fall sollten Kinder in der Mittagshitze der prallen Sonne ausgesetzt werden. Wenn irgend möglich,

sollte man Babys und Kleinkindern die Reise zwischen Mitte Juni und Ende September ersparen und auf die Vor- und Nachsaison ausweichen.

Sonnencreme mit hohem Schutzfaktor ist in Deutschland günstiger als in Spanien. Alles, was man sonst für Babys und Kleinkinder benötigt (Windeln, Babynahrung, Spielzeug), ist in den größeren Supermärkten erhältlich. Kindersitze für Autos und Fahrräder sowie spezielle Kinderbetten im Hotel werden meist extra berechnet. Alle Sandstrände sind für Kinder gut geeignet.

Familienfreundliche Hotels

Alle als kinderfreundlich ausgewiesenen Hotels verfügen über ein reichhaltiges Animationsprogramm, das speziell auf die kleinen Gäste zugeschnitten und oft nach Altersklassen unterteilt ist. Spezielle Clubhotels für Familien sind in den Katalogen der Veranstalter gekennzeichnet.

Unternehmungen mit Kindern

Zug fahren: Zur ersten Orientierung ist die Fahrt mit dem Minizug (*Mini Tren*) durch die eigene Feriensiedlung ein Spaß für die ganze Familie. Diese Bimmelbahnen gibt es in fast allen größeren Urlaubsorten.

Wassersport: Viele Segel- und Surfschulen, besonders in Fornells und Son Xoriguer, sind auf junge Teilnehmer eingestellt.

Bootstouren: Sehr beliebt sind die Bootsausflüge ab Ciutadella und Cala en Bosc mit Badeaufenthalten an einem der unbebauten Naturstrände. Auch die einstündige Hafenrundfahrt mit dem gelben Katamaran im Hafen von Maó ist für Kinder ein Erlebnis (s. S. 31).

Freizeit- und Wasserparks: Ein Besuch im Zoo Lloc de Menorca (s. S 59) oder ein Tag in den Wasserparks von Cala en Bosc (s. S. 106) oder Los Delfi-

nes (Tel. 971 38 87 05, www.aquacen ter-menorca.com, tgl. 10.30–18.30 Uhr, Erwachsene 19 €, Kinder bis 12 Jahre 10 €) ist für Kinder und Erwachsene ein Vergnügen.

Reiten und Pferdeschauspiele: Ein Ausritt mit dem Pony auf einem der Reiterhöfe (z. B. in Sant Tomàs, s. S. 66) oder der Besuch in der Dressurschule Son Martorellet (s. S. 91) ruft bei Kindern viel Begeisterung hervor.

Sehenswertes: Eine schöne Entdeckungstour führt durch den Steinbruch Pedreres de s'Hostal bei Ciutadella (s. S. 100). Speziell für Kinder konzipiert sind das Centre de Natura in Ferreries (s. S. 84) und das Fort Marlborough (s. S. 41) in der Cala Sant Esteve (bis Mitte 2013 geschlossen).

Volksfeste: Bei allen sommerlichen Patronatsfesten gibt es auch nachmittägliche Festakte (Programm in der Tageszeitung), die speziell für die Kinder der Insel, aber auch für junge Gäste gedacht sind (i. d. R. nicht geeignet für Babys und Kleinkinder im Kinderwagen). Außerdem sind die Feuerwerke, die zum Abschluss aller Feste veranstaltet werden, für Kinder ein aufregendes Erlebnis.

Kleine Preise: In allen Museen, Parks und sonstigen Sehenswürdigkeiten gelten ermäßigte Tarife für Kinder.

Klima und Reisezeit

Auf der Insel Menorca herrscht gemäßigtes Mittelmeerklima. Die mittlere Lufttemperatur liegt im Januar bei 10 ºC und im August bei 25 ºC. Im Durchschnitt werden auf Menorca pro Jahr rund 2500 Sonnenstunden verzeichnet, die Niederschlagsmenge liegt mit rund 600 mm pro Jahr höher als auf den Nachbarinseln.

Die Feriensaison dauert von Mitte April bis Ende Oktober. Im Frühjahr

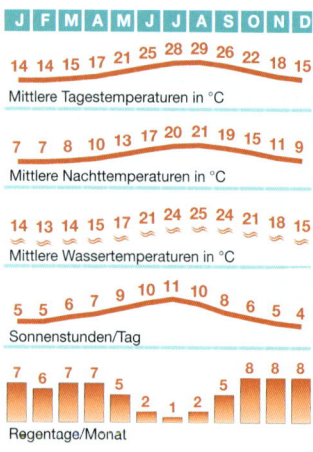

Klimadiagramm Maó

(April, Mai und Juni) sowie im Herbst (Sept., Okt.) kann es zu kurzzeitigen Schlechtwettereinbrüchen oder starken Gewittern kommen. Regenwetter ist jedoch zum Glück nie von Dauer, meist scheint am nächsten Tag schon wieder die Sonne.

Für sportlich Aktive sind das Frühjahr (bis Mitte Juni) und der Herbst die besten Reisezeiten. Besonders Naturfreunde und Wanderer werden sich an der vielfarbigen Blütenpracht im April und Mai erfreuen. Für den reinen Badeurlaub sind die Monate Juni, Juli und August am besten geeignet. Allerdings steigt das Thermometer in diesen Monaten oft auf über 30 °C.

Öffnungszeiten

Banken: Mo–Fr 9–14 Uhr.
Post: Mo– Fr 8.30–14.30, Sa 9.30–13 Uhr.
Geschäfte: Mo–Fr 10–13.30 und 17 bis 20, Sa 10–13.30 Uhr; in den Ferienorten durchgehend und auch am Wochenende bis spätabends.

Museen: Di–Sa 10–13.30 und 17–19 Uhr, So nur vormittags, Mo meist geschl. Öffnungszeiten ändern sich auf Menorca oft und können in der Vor- und Nachsaison reduziert sein. Im Winter (Nov. bis April) sind einige Sehenswürdigkeiten sogar ganz geschlossen.

Reisen mit Handicap

Immer mehr öffentliche Einrichtungen stellen ihre Anlagen auf Behinderte ein. Die zahlreichen steinigen Wege, abschüssigen Straßen und engen Bürgersteige machen jedoch nicht alle Orte der Insel für Rollstuhlfahrer zugänglich. Ein schwieriges Terrain sind die Stadt Alaior und die Hauptstadt Maó, verkehrsberuhigt und flach dagegen ist die Stadt Ciutadella. An einigen Stränden (z. B. Cala en Porter) hat man Stege für Rollstuhlfahrer angelegt, die direkt bis zum Wasser führen. **Vermietung elektrischer Rollstühle:** Menorca Mobility, Tel. 971 15 36 11. **Einzel- und Gruppenreisen für Behinderte** bietet der Spezialreiseveranstalter Weitsprung, Gutenbergstr. 27, 35037 Marburg, Tel. 064 21/68 68 32, www.weitsprung-reisen.de, an.

Sport und Aktivitäten

Abenteuersport

Das Unternehmen Dia complert (Tel. 609 67 09 96, www.diacomplert.com) in Fornells widmet sich dem Abenteuersport und Aktivitäten in der freien Natur. Organisiert werden Trekking-, Mountainbike-, Kajak- und Schnorcheltouren, Holzfloßfahrten und Führungen in Naturschutzgebieten zur Vogelbeobachtung. Für Gruppen und Firmen können auch ›Multi-Abenteuer-Programme‹ gebucht werden.

Sicherheit und Notfälle

Die Kriminalitätsrate Menorcas gehört zu den niedrigsten Spaniens. Diebstähle sind selten. Dennoch sollte man Wertsachen nie sichtbar im Auto liegen lassen, besonders nicht auf den einsamen Parkplätzen abgelegener archäologischer Stätten und Naturgebiete. Auch bei den Volksfesten ist Wachsamkeit geboten.

Wichtige Notrufnummern
Allgemeiner Notruf: 112, Ambulanz: 061, Polizei: 091, Feuerwehr: 092
Pannenhilfe: unbedingt die Nummer der Mietwagenfirma notieren!
Kreditkarten-Verlust: Sperrnotruf 0049 116 116 (tgl. 24 Std. erreichbar, gebührenpflichtig) oder **0049 30 40 50 40 50**.
Deutsches Honorarkonsulat:
Carrer des Negres 32, 07703 Maó, Tel. 971 36 16 68
Österreichisches Konsulat:
Sindicat 69, 07002 Palma de Mallorca, Tel. 971 72 80 99
Schweizer Konsulat:
Gran Via Carles III, 08028 Barcelona, Tel. 934 09 06 50
Fundbüro:
in den Polizeidienststellen in den Rathäusern von Ciutadella und Maó

Allround-Sportanlagen

Die Feriensiedlung S'Algar ist für sportliche Feriengäste das beste Urlaubsgebiet. Der S'Algar Sports-Club und der Club de Tenis S'Algar (s. S. 52) bieten ein vielseitiges Sportprogramm. Vom Tenniscourt bis zur Golfübungsanlage, vom Fußballplatz über die Sauna bis zum Gymnastiksaal stehen alle möglichen Sport- und Freizeitanlagen zur Verfügung. Geboten werden auch Schnorchel- und Kajaktouren, Wanderungen und Mountainbike-Ausflüge, Segeln, Tauchen und vieles mehr. Die S'Algar Sports Card kostet 50 € pro Woche und ermächtigt zu zahlreichen sportlichen Aktivitäten ohne weiteren Aufpreis.

Bootsverleih

Motor- und Segelboote mit oder ohne Skipper können in den Häfen von Addaia, Ciutadella, Maó und Fornells sowie in Cala Galdana, S'Algar und Cala en Bosc/Son Xoriguer gemietet werden. Ein Motorboot für einen Tag kostet ab 120 €, ein Segelkatamaran ca. 150 €. Für alle größeren Boote ist ein Bootsführerschein oder Segelschein erforderlich. Für einen Skipper zahlt man zusätzlich 180 € pro Tag. Seefeste Schlauchboote (100 € halber Tag, 150 € ganzer Tag für 4–5 Pers.) kann man bei Audax Sports & Nature in Cala Galdana (s. Hotel Audax S. 90) mieten.

Golf

Der einzige Golfplatz Menorcas, ein 18-Loch-Platz, befindet sich im Norden der Insel bei Son Parc (s. S. 79). Das Gelände ist sanft gewellt und von Kiefernwäldchen umgeben. Greenfee: 45–65 € pro Runde (je nach Saison), Golfunterricht 60 € (3 x 30 Min.), www.golfson parc.com.

Radfahren

Fahrräder und Mountainbikes werden in fast allen Feriensiedlungen sowie in

Maó und Ciutadella vermietet (10–15 € pro Tag). Fahrradwege gibt es bisher nur rund um Maó, nach Es Grau, zu den Feriensiedlungen rund um Ciutadella und auf dem Weg nach Fornells. Die flachen Inselteile im Osten und Westen sind ideal für weniger konditionsstarke Fahrer. Die viel befahrene Hauptstraße sollte besser gemieden werden. Organisierte halbtägige Mountainbike-Touren bietet der Sportclub in der Feriensiedlung S'Algar (s. S. 52) an.

Reiten

Pferdeshows mit den pechschwarzen menorquinischen Rassepferden organisiert der Reiterhof an der Landstraße nach Cala Galdana (s. S. 91). Reitmöglichkeiten und geführte Reitausflüge gibt es außerdem bei Cala en Bosc, Ciutadella und Ferreries: Tel. 971 37 46 37, www.menor caacavall.com. Pferd pro Std. ca. 20–25 €, Kinderponys 12–14 € für 30 Min.

Die **schönsten Strände** der Insel:
Platges de Son Saura (▶ B 5): wunderschöne sandige Doppelbucht, fast nie überlaufen, aber weder Kiosk noch Sonnenliegen sind vorhanden.
Son Bou (▶ F 6)**:** längster Sandstrand der Insel, nur nahe den zwei Großhotels gut besucht. Im Westen folgen einsame Sandstreifen, wo man am Rande der Dünen auch nahtlos braun werden kann.
Arenal d'en Castell (▶ H 3)**:** Die Bucht mit feinem Sand und kristallklarem Wasser bietet trotz der umliegenden Hotels viel Platz für Schwimmer, Wassersportler und Sonnenanbeter.
Cala Pregonda (▶ E 2)**:** bis Binimel.là mit dem Auto; von dort geht man auf dem Küstenpfad in ca. 30 Minuten zum Traumstrand Cala Pregonda, der durch Felsinseln geschützt wird.

Surfen, Segeln und Wasserski

An fast allen bebauten Ferienstränden gibt es Boot- und Surfbrettverleihe. Die größten Wassersportzentren, die auch speziell auf Jugendliche und Kinder eingestellt sind, befinden sich jedoch in Fornells und Son Xoriguer. Dort kann man alle Arten des Wasservergnügens testen: Segelkurse (1 Wo.) kosten 160 bis 220 €, Windsurfkurse 160–180, Wasserskifahrten 45 €. Beliebt ist auch Banana Riding (bananenförmiges Schlauchboot, das von einem Motorboot gezogen wird: 8 € pro Fahrt). Für alle Fun-Sportarten gibt es ermäßigte 5er- oder 10er-Karten.

Immer beliebter sind mittlerweile Kajakfahrten in Es Grau oder Fornells. Dort kann man schöne Ausflüge in der Bucht und zu den Sandstränden am gegenüberliegenden Ufer unternehmen (halber Tag für 2 Pers. 30–40 €). Auch in Cala Galdana, Sant Tomàs und am Strand von Son Xoriguer kann man Kajaks mieten.

Tauchen

Für Unterwassersportler gehört Menorca sicher zu den schönsten Tauchrevieren im Mittelmeer. Die Insel ist bekannt für ihre spektakulären Unterwasserhöhlen, das kristallklare Wasser mit Sichtweiten von mehr als 50 m und angenehme Wassertemperaturen.

Es gibt rund 15 Tauchschulen (oft unter deutscher Leitung), die komplette Kurse für Anfänger und Fortgeschrittene sowie Sonderkurse (z. B. Höhlenspezialisierung) anbieten, Ausrüstungen verleihen und Ausfahrten zu Inseln, Unterwasserhöhlen und Schiffswracks organisieren.

Ein kompletter PADI-Open-Water-Tauchkurs für Anfänger (Pool, Theorie und sechs Tauchgänge) kostet etwa 350 bis 480 €, der PADI-Open-Water-Kurs für Fortgeschrittene kostet ca. 400–450 €, einzelne Tauchgänge inkl. Bootsfahrt und kompletter Ausrüstung ca. 45–50 €,

Nachttauchgänge 50–60 €. Fast alle Tauchschulen bieten auch ermäßigte 5er- oder 10er-Karten an. Auch Schnupperkurse und Schnorcheltrips für die ganze Familie stehen auf dem Programm.

Das für Tauchsportler erforderliche Gesundheitszeugnis und die Pflichtversicherung sind auch vor Ort erhältlich. Die meisten Tauchschulen verfügen über ausführliche Websites mit Preisinformationen und einer Beschreibung der wichtigsten Tauchgründe.

Wandern

Die besten Wanderzeiten sind Frühjahr und Herbst, in den heißen Monaten (Mitte Juni–Mitte Sept.) sollte man auf die frühen Morgenstunden oder den späten Nachmittag ausweichen. Empfehlenswertes Kartenmaterial für Wanderer sind die in den menorquinischen Buchhandlungen erhältlichen Militärkarten.

Eine sehr abwechslungsreiche Route führt durch das Naturschutzgebiet von Es Grau (s. S. 42). In Cala Galdana bietet das Hotel Audax geführte Schluchtenwanderungen an. Geführte Wandertouren organisieren auch S'Algar Sports (s. S. 52), Audax Sport & Nature (s. S. 90) und das deutsch-menorquinische Unternehmen Rutas Menorcas, www.rutasmenorca.com (s. S. 111).

Organisierte einwöchige Wanderreisen sind über den Veranstalter Wikinger Reisen (Tel. 023 31/90 47 41, www. wikinger-reisen.de) zu buchen.

Telefon und Internet

Ferngespräche sind von allen Telefonsäulen möglich. Nicht alle Apparate funktionieren mit Münzen. Telefonkarten (*tarjeta telefónica*) erhält man in Tabakläden und bei der Post. Festnetznummern beginnen in Spanien mit einer 9, alle Handynummern mit einer 6.

Vorwahl Spanien: 0034
Vorwahl Deutschland: 0049
Vorwahl Österreich: 0043
Vorwahl Schweiz: 0041

Auskunft: national 118 18, international 118 25
Mobil telefonieren: Über die spanischen Netzbetreiber Movistar, Vodafone und Orange funktionieren alle gängigen Handys im Euro-Roaming.
Internetzugang: In den meisten Hotels steht den Gästen ein PC mit Internetzugang zur Verfügung. Viele Unterkunftsbetriebe verfügen auch über Wi-Fi. Internetcafés und Workstations gibt es in allen größeren Ortschaften.

Umgangsformen

Begrüßung: »Bon dia« (Guten Tag) oder »Hola« (Hallo) und »Adéu« (Auf Wiedersehen) gehören zum guten Umgangston beim Betreten von Boutiquen, Büros oder Hotels. Für die Antwort auf eine Frage bedankt man sich mit »Gràcies« (Danke)!

Wie überall in Spanien reden sich Menorquiner (besonders wenn sie unter 40 Jahre alt sind) schnell mit Du an. Auch bei flüchtigen Bekannten ist es üblich, sich mit Handschlag und Schulterklopfen (bei Männern) oder zwei Wangenküsschen (bei Frauen) zu begrüßen.
Kleidung: Im Stadtzentrum und in öffentlichen Verkehrsmitteln sind Badekleidung und freie Oberkörper nicht erwünscht. In Kirchen und Klöstern sollte die Kleidung der Würde des Ortes entsprechen.
Fotografieren: Wenn man Einheimische fotografieren will, sollte man vorher durch eine freundliche Geste oder ein Lächeln um Erlaubnis bitten.

Verkehrsmittel

Bus

Die Busverbindungen auf Menorca wurden in den letzten Jahren erweitert. Man sollte jedoch beachten, dass an Sonn- und Feiertagen der Busverkehr stark eingeschränkt ist.

TMSA: Tel. 971 36 04 75, www.tmsa. es. Bis zu 20 x tgl. auf der Strecke Maó–Alaior–Es Mercadal–Ferreries–Ciutadella. Vom Busterminal in Maó gibt es zahlreiche Verbindungen nach Sant Lluís, Es Castell und in fast alle Feriensiedlungen an der Südküste.

Autos Fornells: Tel. 686 93 92 46, www.autosfornells.com. Verbindungen auf der Nordstraße von Maó nach Arenal d'en Castell, Son Parc, Fornells und Platges de Fornells.

Torres: Tel. 971 38 64 61, www.e-tor res.net. Bedient alle Feriengebiete an der Westküste.

Bootsausflüge

Täglich starten Küstenfahrten mit Ausflugsschiffen oder Segelkatamaranen von Ciutadella, Cala en Bosc, Cala Galdana und Fornells. Ein besonderes Erlebnis ist die Hafenrundfahrt mit den gelben Katamaranen im Hafen von Maó.

Ausflüge zur Nachbarinsel Mallorca: Mit dem Schnellboot der Gesellschaft Baleària (www.balearia.com) erreicht man von Ciutadella aus in einer Stunde den Hafen von Alcúdia im Norden Mallorcas. Eine weitere Schnellverbindung besteht zwischen Ciutadella und Cala Ratjada mit der Gesellschaft Interilles (www.interilles.com).

Organisierte Ausflüge

Alle Reiseveranstalter bieten vor Ort ganz- oder halbtägige Ausflüge an. Diese Fahrten sind im Hotel bei der Reiseleitung buchbar und kosten für Halbtages-Bus-

touren ca. 24–27 € und für Ganztages-Bustouren oder Bootsfahrten 33–57 €.

Taxi

Taxifahrten sind ein kostspieliges Vergnügen. Für die Strecke Flughafen–Cala en Bosc beträgt der Fahrpreis mehr als 50 €, Flughafen–Maó Zentrum 15 €. Für den Weg zurück zum Flughafen sollte man das Taxi schon am Vorabend bestellen.

Shuttle

Die Firma Shuttle Menorca bietet preisgünstige Transfers vom oder zum Flughafen im Minibus oder in der Limousine an (ab 15 € pro Pers., www. shuttlemenorca.com).

Leihfahrzeuge

Für die Zeit zwischen Mitte Juni und Mitte September empfiehlt sich eine Vorbestellung übers Internet oder über ein Reisebüro am Heimatort. In den anderen Monaten findet man überall genügend Angebote. Für einen Kleinwagen zahlt man pro Woche ab 150 €. Die Preise verstehen sich inkl. unbegrenzter Kilometerzahl, Steuern und Versicherungen. Ein Preisvergleich zwischen örtlichen Agenturen und internationalen Anbietern lohnt sich.

Mopeds/Motorroller: Im Hochsommer ist eine Vespa das ideale Verkehrsmittel. Die Preise liegen aber nur wenig unter den Mietwagentarifen. Anbieter gibt es in Maó, Ciutadella und in vielen Feriensiedlungen. Es besteht Helmpflicht!

Verkehrsregeln: Sie entsprechen den mitteleuropäischen Vorschriften. Die Promillegrenze liegt bei 0,25. Die zulässige Höchstgeschwindigkeit beträgt in Ortschaften 50 km/h, in Ferien- und Wohngebieten 30 km/h und auf Landstraßen 90 km/h. Mobiltelefone dürfen während der Fahrt nur mit Freisprechanlage benutzt werden.

Der Umwelt zuliebe – nachhaltig reisen

Die Umwelt schützen, die lokale Wirtschaft fördern, intensive Begegnungen ermöglichen, voneinander lernen – nachhaltiger Tourismus übernimmt Verantwortung für Umwelt und Gesellschaft. Die folgenden Websites geben einige Tipps, wie man seine Reise nachhaltig gestalten kann, und bieten Hinweise auf entsprechende Reiseangebote in der ganzen Welt.

www.fairunterwegs.org: Fair Reisen anstatt nur verreisen – der schweizerische Arbeitskreises für Tourismus und Entwicklung erklärt, wie das geht. Außerdem ausführliche Infos zu Reiseländern in der ganzen Welt.

www.forumandersreisen.de: Die 150 Reiseveranstalter des Forums Anders Reisen bieten ungewöhnliche Reisen weltweit, Nachhaltigkeit wird durch einen gemeinsamen Kriterienkatalog gewährleistet.

www.sympathiemagazin.de: Länderhefte mit Infos zu Alltagsleben, Politik, Kultur und Wirtschaft sowie Themenhefte zu den verschiedenen Weltregionen, zu Umwelt, Kinderrechten und Globalisierung.

www.zukunft-reisen.de: Das Portal des Vereins Ökologischer Tourismus in Europa erklärt, wie man ohne Verzicht umweltverträglich und sozial verantwortlich reisen kann. Interessante Links zu Veranstaltern und Umweltorganisationen.

www.radreisen-online.de: Wochentouren mit dem Fahrrad durch die hügelige Landschaft der kleinen Baleareninsel.

www.obsam.cat: Die nach der Erklärung Menorcas zum Biosphärenreservat ins Leben gerufene Organisation OBSAM sammelt und analysiert alle Daten, die mit den natürlichen Ressourcen und der sozialen und ökonomischen Entwicklung Menorcas in Verbindung stehen.

www.agrobotigamenorca.com: Dieser im Naturkundemuseum des GOB in Ferreries gelegene Bioladen bietet Produkte von verschiedenen Bauernhöfen und Landgütern, die biologische Landwirtschaft betreiben. Im Angebot sind Wurstwaren, Käse, Obst, Kräuter, Konfitüren und Olivenöl.

www.econura.com: Der Laden dieser Kooperative am Stadtrand von Maó verkauft ökologisch angebautes Obst und Gemüse, Fleisch- und Wurstwaren, frische Eier und Brot. Econura, Camí de ses Rodees 1, Local F 1.

Sicherheitstipps: Hauptstraßen und Zufahrtsstraßen zu den Feriensiedlungen sind in gutem Zustand, die Nebenstrecken dagegen sind meist eher holprig. Benutzen Sie an Steigungen die Langsamfahrspur und lassen Sie Eilige stets zügig überholen. Polizeikontrollen an der Landstraße und an Ortseinfahrten werden häufig durchgeführt (Alkohollimit und Gurtpflicht beachten!).
Parken: In der Altstadt von Maó und Ciutadella gibt es blau markierte, kostenpflichtige Parkplätze (mit Parkuhren), in Maó auch Tiefgaragen. Am Stadtrand findet man zahlreiche kostenlose Parkmöglichkeiten. In Maó findet man stadtnahe kostenfreie Parkplätze beim Hotel Port Mahón, in Ciutadella im schattigen Passeig de Sant Nicolau. An gelb markierten Stellen gilt absolutes Park- und Halteverbot. Nie an Ausfahrten, in Kurven oder an Straßenecken verkehrsbehindernd parken! Falschparker werden abgeschleppt!

Unterwegs auf Menorca

Wie eine Festung aus Stein – schroff und abweisend – präsentiert sich Menorcas Küste auf den ersten Blick. Erst bei genauerem Hinsehen entdeckt man von leuchtenden Blumen umrankte, schneeweiß gekalkte Häuser, einsame Sandstrände, starke Festungsanlagen, üppig bewachsene Schluchten mit seltenen Pflanzenarten und die mysteriösen Bauten der Ureinwohner.

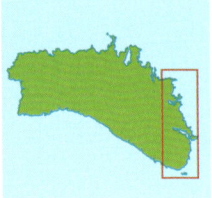

Maó und der Südosten

Maó (Mahón) ▶ J 6

Gemäß der Legende soll der Karthager Magon, ein Bruder des berühmten Feldherrn Hannibal, die Stadt Maó gegründet haben. Geschichtlich belegt ist die Niederlassung der Römer, die sich der Bedeutung des Hafens Portus Magonis bewusst waren. Auch die Mauren siedelten im Bereich der heutigen Kirche Santa Maria und umgaben die Stadt im 11. Jh. mit einer Stadtmauer. 1721 wurde Maó von den Briten zur Inselhauptstadt gemacht. Englische Bauelemente und katalanischer Jugendstil mischen sich im Zentrum zu einer charmanten Mixtur mit schmiedeeisernen Balkonen, Buntglasscheiben, blank polierten Türklopfern, grün gestrichenen Fensterläden, englischen *bow windows* (Erkerfenstern) und roten Hausfassaden. Etliche Aussichtspunkte hängen wie Balkone an der Steilküste und geben den Blick frei auf das innere Hafenbecken, dessen Kais durch eine breite Freitreppe mit der Altstadt verbunden sind. Das Zentrum ist ein Shoppingparadies, aber das Highlight ist eine **Hafenrundfahrt** (`direkt 1` ▶ S. 31).

Teatre Principal **1**
www.teatreprincipal.com, nur zu den Vorstellungen geöffnet
Das altehrwürdige Theater und Opernhaus aus dem Jahr 1829 wurde Ende der 1990er-Jahre umfangreich renoviert. Der menorquinische Bildhauer Matíes Quetglas schuf für die Neueröffnung die grazile Bronzefigur »Thalia«, die vor der Eingangshalle steht.

Església de Santa Maria **2**
Mo–So 7.30–12.30, 18–20.30 Uhr, Orgelkonzerte: Juli–Okt. Mo–Sa 13 Uhr, 5 €
Oberhalb des Hafens thront die Hauptkirche Santa Maria, die aus dem 18. Jh. stammt und berühmt ist für ihre Orgel – ein Prachtinstrument mit mehr als 3000 Pfeifen.

Claustre del Carme **3**
Neben der gleichnamigen Kirche aus dem 18. Jh. befindet sich der Kreuzgang des ehemaligen Karmeliterklosters, der heute als Lebensmittelmarkt dient. In den alten Klosterzellen haben sich Schlachtereien, Gemüsehändler, Käseläden, aber auch Schuh-, Schmuck- und Keramikgeschäfte eingerichtet. Im Obergeschoss gibt es Ausstellungssäle, eine Bibliothek und das **Stadtmuseum Hernández Sanz-Hernández Mora** (Mo–Sa 10–13 Uhr) mit einer sehenswerten Land- und Seekartensammlung.

Església de Sant Antoni **4**
Das sakrale Innere dieser kleinen Kirche wird für Ausstellungen, Dichterlesungen und Konzerte genutzt.

Pont de Sant Roc **5**
Das letzte erhaltene Stadttor der ehemaligen Stadtmauern stammt aus dem 15. Jh, es sollte Maó vor Piratenüberfällen schützen und ist dem hl. Rochus geweiht.

Karte: ▶ J/K 6/7

Maó

1 km

Die Stadt Maó, die hoch oben auf der Steilküste thront, hat interessante Museen und lebhafte Märkte zu bieten. Die größte Attraktion der Inselhauptstadt jedoch ist zweifellos der langgestreckte Hafenfjord, den man nur bei einer Rundfahrt mit den gelben Katamaranen in allen seinen Einzelheiten entdecken kann.

Der größte Naturhafen des Mittelmeers

Mit einer Länge von fast 6 km, einer Breite von 1,2 km und einer Tiefe von bis zu 30 m gilt der Hafen von Maó als größter Naturhafen des Mittelmeers und als zweitgrößter Tiefwasserhafen der Welt. Aufgrund seiner natürlichen Bedingungen und seiner strategischen Lage mit-

ten im westlichen Mittelmeer war der Hafen im Laufe seiner Geschichte immer ein Zankapfel zwischen den Seemächten des Mare Nostrum. Schon die Phönizier, Karthager und Römer, aber auch die Vandalen, Byzantiner und Araber bis hin zu den Katalanen, Franzosen, Engländern und Spaniern, die zu verschiedenen Zeiten Menorca beherrschten, interessierten sich für den herrlichen Naturhafen besonders wegen seiner Bedeutung als Militär- und Handelsstützpunkt.

Alles ›very british‹

»Die Häfen der Inseln sind ihre großen, natürlichen, wahren Türen«, schrieb der mallorquinische Literat Guillem Frontera (geb. 1945 in Ariany). So war auch der Hafen von Maó im Laufe seiner Geschichte Eingangstor zur Insel Menorca.

31

Maó und der Südosten

Über den Hafen gelangten nicht nur Händler und Waren, sondern auch neues Gedankengut und kulturelle Strömungen nach Menorca. Besonders im 18. Jh. interessierten sich die Seemächte Europas für den geschützten Ankerplatz; die starke Festung von Sant Felip war ein Zankapfel der Nationen. Fast 70 Jahre hatten die Briten auf Menorca das Sagen. Zu jener Zeit entstanden Werften, Militärkrankenhäuser und Ginfabriken, aber auch prachtvolle Kolonialvillen. Noch heute kann man rund um den Hafen viele architektonische Details aus britischer Zeit entdecken.

Die Hafenrundfahrt

Eine Hafenrundfahrt gehört zum absoluten Muss aller Menorca-Besucher. Eine gute Stunde dauert die Fahrt durch den größten Naturhafen des Mittelmeers. Den besten Blick genießt man von den vorderen Plätzen des Oberdecks. Kaum hat der Kapitän die Leinen gelöst, tauchen auf der Nordseite der Handelshafen, der rauchende Schornstein des Elektrizitätswerkes und die **Halbinsel Pinto** **8** auf, die den Briten einst als Seebasis diente und heute dem spanischen Militär gehört. Dort beginnt die Fahrt entlang der Nordküste des Hafens.

Das nördliche Ufer

Die prachtvollen Villen am Nordufer gehören reichen Menorquinern, spanischen Anwälten und englischen Millionären. Links auf dem Hügel thront die **Golden Farm** **9**, ein prachtvolles rosa Villenhaus, in dem Lord Nelson und Lady Hamilton Ende des 18. Jh. ein geheimes Tête-à-Tête gehabt haben sollen. Die im Wasser schwimmenden Plattformen sind **Muschelbänke** **10**, an denen Miesmuscheln gezüchtet werden. Das von Wasser umgebene weiße Häuschen mit der seitlichen Treppe wird **Venedig** **11** genannt und gehörte eine Zeit lang dem englischen Multimillionär Richard Brandson. Hinter weiß gekalkten Mauern verbirgt sich der **anglo-amerikani-**

Gemütlich auf dem Boot sitzen und durch den Naturhafen von Maó schippern ...

sche Friedhof **12**, auf dem im 19. Jh. rund 30 amerikanische Seeleute bestattet wurden. Auch der deutsche Kapitän Leutnant von Bunsen, der 1890 an Bord der »SMS Kaiser« starb, fand dort seine letzte Ruhestätte. Bunsen war ein enger Freund von Kaiser Wilhelm II., der bei einer seiner Mittelmeerreisen in Maó Station machte, um am Grab seines Freundes einen Blumenstrauß niederzulegen. Die **Illa Plana 13** diente den Amerikanern im 19. Jh. als Trainingsbasis. Nach dem Passieren des **Sant-Jordi-Kanals 14** hinter der Lazarett-Insel kommen am Rande der **Cala Teulera 15** mehrere britische **Verteidigungstürme 16** in Sicht.

Die Unterwassersicht

An der Hafenmündung erhebt sich auf der hohen Klippe die mächtige Festung von Isabel II. aus dem 10. Jh., die auch schlicht **La Mola 17** genannt wird. In der Bucht **Clot de La Mola 18**, im Schatten der starken Festungsmauern, ist das Wasser an den meisten Tagen des Jahres glasklar. Der ideale Platz, um die Seegraswiesen und die Meeresbewohner durch die Unterwasserfenster des Katamarans zu betrachten.

Die Südseite des Hafens

An der südlichen Hafeneinfahrt liegen die Reste der Festung von **Sant Felip 19**, die die Briten im 18. Jh. zu einer der größten militärischen Anlagen Europas ausgebaut hatten. Rechts erblickt man die hohen Mauern der **Illa del Llatzeret 20**, einer im 19. Jh. bedeutenden Quarantänestation. Gegenüber öffnet sich die idyllische Hafenbucht **Cales Fonts 21**, die Teil der britischen Garnisonsstadt **Es Castell 22** ist. Das ehemalige Georgetown der Engländer ist noch heute von englischen Zollhäuschen mit roter Fassade, schnurgeraden Straßen und Häusern mit Vertikalschiebefenstern geprägt.

Bald kommt die große **Illa del Rei (Königsinsel) 23** in Sicht, deren Name auf die Landung von König Alfons III. zurückgeht, der Menorca 1287 von der maurischen Besetzung befreite. Im 18. Jh. bauten die Briten ihr Militärkrankenhaus auf dieser Insel, die bald als »Bloody Island« auf englischen Seekarten verzeichnet wurde. In den letzten Jahren wurden die alten Krankenhausgebäude von einer Freiwilligengruppe restauriert.

Oberhalb der Cala Fonduco steht das rote **Collingwood House 24**, in dem der Oberbefehlshaber der britischen Flotte Ende des 18. Jh. residiert haben soll. Heute ist das Gebäude ein charmantes Hotel, in dem vor allem Engländer ihre Ferien verbringen. Oberhalb des Spielkasinos erhebt sich das im britischen Kolonialstil gestaltete Hotel Port Mahón, das Anfang der 1950er-Jahre als eines der ersten Unterkunftsbetriebe der Insel gebaut wurde. Ein herrlicher Blick auf die **Skyline 25** von Maó mit ihren drei Hauptkirchen und den auf die Steilküste gebauten Wohnhäusern bildet den Abschluss der erlebnisreichen Hafenrundfahrt.

Infos Hafenrundfahrt

Yellow Catamarans 1: Pla de Baixamar, Moll de Llevant 12 (am Fuße der Hafentreppe), Tel. 639 67 63 51, www.yellowcatamarans.com. Abfahrtszeiten: tgl. 10.30/11.30/12/13/13.30/14.30/15/16 Uhr.

Die Hafenrundfahrt mit deutschem Kommentar dauert eine gute Stunde.

Essen und Trinken

Sa Cantina des Port 4: Moll de Llevant 61, Tel. 971 35 72 15. Crêpes und belegte Brote ab 3 €.

Mao

Sehenswert
1 Teatre Principal
2 Eglésia de Santa Maria
3 Claustre del Carme
4 Eglésia de Sant Antoni
5 Pont de San Roc
6 Galería Artara
7 Museu de Menorca
8 –25 s. S. 31

Übernachten
1 Jume 2 Capri
3 Mirador des Port
4 Port Mahón

Essen und Trinken
1 Sa Taverna d'es Port
2 Varadero
3 Trattoria Vianello
4 Sa Cantina des Port
5 Cap Roig

Einkaufen
1 Wochenmarkt
2 Argos
3 Es Macar
4 El Turronero
5 Lora Buźon
6 Gin Xoriguer

7 Buchhandlung

Ausgehen
1 Ars Café
2 Akelarre
3 Baixamar
4 Rock and Beer
5 Casino Maritim

Sport und Aktivitäten
1 Hafenrundfahrt
2 Strände
3 Nautic Fun
4 Autos Mahon Rent

Galería Artara **6**

Rosari 18, Mo–Fr 10–13.30, 18 bis 20.30, Sa 10 13.30 Uhr
Ständig wechselnde Ausstellungen gewähren Einblicke in das vielfältige künstlerische Schaffen der Inselmaler.

Museu de Menorca **7**

Claustre de Sant Francesc, Di–Sa 10 bis 14, 18–20.30, So 10–14 Uhr, 2,40 €
Neben der Kirche Sant Francesc, die durch das große Rundbogenportal beeindruckt, sind rund um den alten Klosterhof Fundstücke aus prähistorischen Ausgrabungsstätten ausgestellt, darunter der Bronzetier aus Torralba. Zu sehen sind außerdem Keramiken aus verschiedenen Kulturkreisen des Mittelmeers, Malerei, Landkarten der Insel sowie Handwerkszeug der menorquinischen Kleinindustrie und die berühmten Silbertäschchen der Modeschmuckhersteller Maós.

Festung La Mola

Für den Besuch der Festung von La Mola sollte man mehrere Stunden, am besten am späten Nachmittag einplanen ▸ **direkt 2** ◂ S. 37).

Übernachten

Günstig – **Jume** **1**: Concepció 6, Tel. 971 36 32 66, www.hostaljume.com,

DZ ab 50 €. Kleines Hostal, ruhige Lage hinter dem Lebensmittelmarkt, auch bei Geschäftsreisenden beliebt.

Grandioser Blick – **Capri** [2]: Sant Esteve 8, Tel. 971 36 14 00, www.rtmhotels.com, DZ 80–166 €. Zentrales 3-Sterne-Hotel mit netter Bar im Erdgeschoss. Auf dem Dach kleines Spa und Sonnenterrasse über der Stadt.

Angenehm – **Mirador des Port** [3]: Vilanova 1, Tel. 971 36 00 16, www.hoteles-catalonia.com, DZ 85–140 €. Stadthotel in ruhiger Lage hinter der Kirche Sant Francesc, mit schönem Hafenblick.

Traditionshotel – **Port Mahón** [4]: Avinguda Fort de l'Eau 13, Tel. 971 36 26 00, www.sethotels.com, DZ 100 bis 190 €. Ruhige Wohngegend, 5 Min. zum Stadtzentrum. Zimmer z. T. mit Balkon sowie Suiten mit Terrasse und Hafenblick. Restaurants, Pianobar, Pool und Sonnenterrasse.

Essen und Trinken

Freundlich – **Sa Taverna d'es Port** [1]: Moll de Llevant 115, Tel. 971 36 79 09, Di–So 12.30–16 und 19.30–23 Uhr, um 15 €. Nette Tapes-Bar mit moderaten Preisen und freundlichem Besitzer.

Edel – **Varadero** [2]: Moll de Llevant 4, Tel. 971 35 20 74, Mo–Sa 13–16, 19 bis 23.30, So 13–16 Uhr, 40 €. Fischplatten und Paella, beste Lage, direkt am Hafenbecken.

Günstig und gut – **Trattoria Vianello** [3]: Moll de Llevant 200, Tel. 971 35 21 54, Di–So 13–16, 19–23 Uhr. Italienisch-argentinische Küche, hausgemachte Pasta, auch abends ein preiswertes Menü (12,50 €, Getränk extra).

Crêpes – **Sa Cantina des Port** [4]: s. S. 33.

Hoch oben – **Cap Roig** [5]: Urbanización Cala Mesquida 14, Tel. 971 18 83 83, Di–So 13 bis 15.30, Di–Sa 19–23.30 Uhr. Tolle Aussicht hoch über dem Meer. Reis- und Nudelpfannen,

Fisch und Meeresfrüchte je nach Marktangebot ab 16 €.

Einkaufen

Der **Wochenmarkt** [1] am Dienstag und Samstag auf der Plaça de s'Esplanada ist ein Touristenmagnet.

Fürs Auge – **Argos** [2]: Costa d'en Deià 4. Bildergalerie, in der hübsche Rahmen gefertigt und ausgefallene Aquarelle, Drucke und Postkarten verkauft werden.

Sommermode – **Es Macar** [3]: Carrer Hannover 50. Hübsches Ladenlokal mit lustiger und bequemer Sommerkleidung der menorquinischen Designerfirma Pou Nou.

Lecker – **El Turronero** [4]: Carrer Nou 22. Seit 1894 Eis, Kuchen, Süßigkeiten, auch als Mitbringsel.

Kunsthandwerk – **Lora Buzón** [5]: Moll de Ponent 10. Hübsche Keramiken aus eigener Werkstatt.

Schnaps – **Gin Xoriguer** [6]: Moll de Ponent 91, Tel. 971 36 21 97, Mo–Fr 8–19, Sa 9–13 Uhr. Der menorquinische Wacholderschnaps wird hier nach altem Familienrezept hergestellt. In der Probierstube der Ginfabrik stehen beim Blick auf dampfende Kupferkessel und Säcke mit Wacholderbeeren kleine Gläser zum Kosten und schöne Flaschen zum Verkauf bereit. Im Angebot sind auch andere alkoholische Inselspezialitäten.

Bücher – **Buchhandlung** [7] in der Festung La Mola, s. S. 39.

Ausgehen

Gemütlich – **Ars Café** [1]: Plaça del Princep 12 B, Mo–Sa 12–16.30, 19.30 bis 23.30 Uhr. Mehr als 100 Jahre altes Kaffeehaus, auch kleine Gerichte, spätabends oft Livemusik.

Hotspot – **Akelarre** [2]: Moll de Ponent 41–43, 8–5 Uhr. Dance- und Jazz-Club, oft Livemusik.

Hübsch – **Baixamar** [3]: Moll de Ponent 17, 8–3 Uhr. Origi- ▷ S. 40

Karte: ▶ K 6

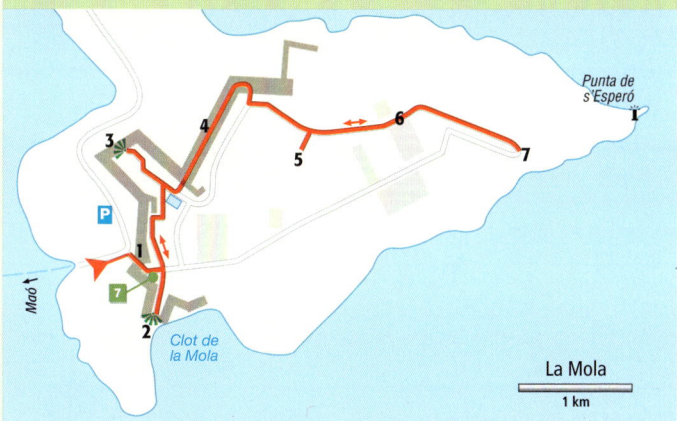

Punta de
s'Esperó
1

3
4
6
5
7

Maó

P

7
1

2
*Clot de
la Mola*

La Mola
1 km

Hoch oben auf der Steilküste erstreckt sich die mächtige Festungsanlage von Isabel II., die in der zweiten Hälfte des 19. Jh. gebaut wurde, um die Hafeneinfahrt von Maó zu schützen. Vor wenigen Jahren wurde aus dem ehemaligen Militärgelände ein weitläufiges Freiluftmuseum, in dem man durch unterirdische Tunnel wandern und auf hohe Mauern steigen kann.

Die aus Marès, dem typischen Kalkstein der Insel, errichtete Festungsanlage auf der Halbinsel von La Mola wurde im Sommer 2005 nach umfangreichen Restaurierungsarbeiten in neuer Pracht für Besucher geöffnet. Es handelt sich um ein architektonisches Schmuckstück, in dem es viele Details der Militärbaukunst zu entdecken gibt. Die Baumeister haben

mit den hellen, leicht zu bearbeitenden Kalksteinen wunderschöne Formen geschaffen, die man in langen Gängen bewundern kann, in denen Licht und Schatten immer wieder neue Kontraste bilden. Überall gibt es überraschende Einblicke und herrliche Ausblicke.

Die Verteidigung des Hafens

Im 18. und 19. Jh. machten sich Frankreich und England gegenseitig die Kontrolle über das Mittelmeer streitig. Die Schiffsrouten der französischen Schiffe verliefen von Nord nach Süd, besonders nachdem die Franzosen 1830 eine Niederlassung in Algerien gegründet hatten, und kreuzten sich in Menorca mit denen der Engländer, die von Ost nach West segelten. Für beide Staaten diente der Hafen von Maó als wichtige Anlaufstelle ihrer Flotten, um dort Wasser und frische Lebensmittel an Bord zu nehmen. Dies führte immer wieder zu Spannungen, was die spanische Regierung mit großer Besorgnis sah. Denn sie fürchtete, dass die Briten Menorca erneut als Stützpunkt gegen die Franzosen benutzen wollten. Da der Hafen nach dem Abriss der Festung von Sant Felip auswärtigen Seemächten schutzlos ausgeliefert war, beschloss die spanische Regierung, an der nördlichen Hafenausfahrt eine neue Verteidigungsanlage zu bauen. Die Bauarbeiten der neuen Festung wurden 1848 in Angriff genommen und dauerten gut 25 Jahre. Mehr als 3000 Arbeiter aus Menorca und von den anderen Balearinseln waren mit den Bauarbeiten beschäftigt. Als Baumaterial wurden mit der Hand große Quader aus dem Steinbruch vor Ort gebrochen sowie die Steine der geschleiften Festung von Sant Felip von der südlichen Hafeneinfahrt herantransportiert. Die Bauarbeiten verschlangen ein Vermögen, die Kriegstechnik machte jedoch gleichzeitig rasante Fortschritte, sodass die Festung noch vor ihrer Fertigstellung als veraltet galt.

Die Anlage wurde später modernster Technik angepasst, sie ist bis heute niemals angegriffen worden. Zweifellos dienten ihre starken Mauern und das ausgeklügelte Verteidigungssystem als ausreichende Abschreckung gegenüber fremden Seemächten.

Der Besuch der Königin

Als die spanische Königin Isabel II. 1860 die nach ihr benannte Festung besuchte, um das Fortschreiten der Bauarbeiten in Augenschein zu nehmen, war sie derart beeindruckt, dass sie weitere Mittel aus der Staatskasse zur Verfügung stellte, um die Fertigstellung voranzutreiben. Noch heute erinnern die Puerta de la Reina (Königintor), die Cisterna de la Reina (Königinzisterne), in der die Königin gemäß der Legende gebadet haben soll, und die Escalera de la Reina (Königin-

treppe), über die sie die Halbinsel betrat, an den Besuch der Monarchin. Auch ihren Namen hat die Festung bis heute behalten, obwohl sie im Volksmund meist schlicht »La Mola« genannt wird.

Die Festung im 20. Jh.

Nach dem spanischen Bürgerkrieg wurde die Festung von Francos Truppen als gefürchtetes politisches und militärisches Gefängnis benutzt. Besonders für ältere Menorquiner und spanische Kriegsveteranen ist die Anlage deshalb mit vielen leidvollen Erinnerungen verbunden. Unter den Gefangenen waren nicht nur zahlreiche Insulaner, sondern auch bekannte Politiker wie Lluís Companys, Präsident der Katalanischen Generalität, oder der kubanische Guerillakämpfer Guillermo Montcada. Noch heute sind die Löcher von den rund 160 Erschießungen an den Festungsmauern zu sehen. Nach Schließung der Gefängnisse in den 1970er-Jahren wurde das Militärgelände für die Rekrutenausbildung, als Truppenübungsplatz und für sporadische Schießübungen benutzt.

Durch das Tor der Königin

Der Zugang zur Festung erfolgt durch die **Puerta de la Reina (Königintor) (1)** jenseits des tiefen, doppelten Burggrabens. Im Eingangsbereich werden Besucher durch einen zwölfminütigen Videofilm mit der Geschichte der Insel vertraut gemacht und auf die bevorstehende Entdeckungsreise eingestimmt. Danach können sie sich einer geführten Tour anschließen oder mit dem Audioguide ausgerüstet eigene Wege suchen. Zum Teil sind dabei beträchtliche Entfernungen zurückzulegen, dennoch wird es auch Kindern selten langweilig, denn es gibt unterirdische Stollen und Galerien mit Schießscharten, Pulvermagazine, Verteidigungstürme, Bastionen, Kasernen, Ge-

Blick auf die Festung La Mola von Maó – der Schutzwall für die Stadt

fängnisgebäude und alte Steinbrüche zu entdecken. Zu den vielen schönen Aussichtspunkten gehören der **Mirador Clot de la Mola (2)**, der das offene Meer und die Hafenmündung beherrscht, und der **Mirador del Hornabeque (3)** in der äußeren Bastion, der ein herrliches Panorama über den inneren Hafen offenbart. Beeindruckend ist der Weg durch die 390 m lange **Galerie mit Schießscharten (4)** oberhalb des Festungsgrabens der Fronten 3 bis 5. Auf dem Weg zum höchsten Punkt der Steilküste passiert man die **Zisterne der Königin (5)** und die ehemaligen **Gefängnisgebäude (6)**. 70 m über dem Meeresspiegel und unweit der Punta de s'Esperó, dem östlichsten Punkt ganz Spaniens, steht noch heute die beeindruckende **381-mm-Vickers-Küstenbatterie (7)**, die einen Meeresabschnitt mit einem Radius von 35 km decken konnte.

Infos

Fortalesa de la Mola, Tel. 971 36 40 40, www.fortalesalamola.com, Okt.–April Di–So 10–14 Uhr, 8 €. Für den Besuch der gesamten Festungsanlage sollte man mindestens drei Stunden einplanen. Im Hochsommer finden hier zahlreiche Veranstaltungen statt: Ausstellungen, Nachtwanderungen, Sternenbeobachtungen, Konzerte.

Ausrüstung und Verpflegung

Nicht vergessen sollte man Fernglas, Taschenlampe, bequeme Schuhe, Sonnenschutz und ein wenig Verpflegung, denn der Besuch dauert meist länger als erwartet. In der äußeren Bastion und unweit der Vickers-Küstenbatterie befinden sich jeweils Getränkeautomaten und Sitzmöglichkeiten zum Verzehren des mitgebrachten Picknicks.

Buchhandlung **7**

Im Eingangsbereich, gut sortiert mit einer großen Auswahl an Menorca-Büchern sowie schönen Andenken.

nelle Café-Bar, zu jeder Stunde gut besucht.

Livemusik – **Rock and Beer** `4`: Moll de Llevant 143–147, tgl. 10–2 Uhr. Bier- und Musiklokal, große Bierauswahl, Tex-Mex-Küche, Country-Livemusik.

Spielkasino – **Casino Maritim** `5`: Moll de Llevant 287, Tel. 971 36 49 62, tgl. 15–5 Uhr. Neben dem Jachtclub. Blackjack, Poker, amerikanisches Roulette, Spielautomaten, Ausstellungen und ein ausgezeichnetes Restaurant mit herrlicher Terrasse. Kein Krawattenzwang. Ausweis erforderlich!

Sport und Aktivitäten

Nicht versäumen – **Hafenrundfahrt** `1`: s. S. 33

Strand – **Bucht Sa Mesquida** `2`: ca. 5 km entfernt.

Bootsverleih – **Nautic Fun** `3`: inneres Hafenbecken, Tel. 670 39 63 96, www.nauticfunmenorca.com. Verleih von kleineren und größeren Motorbooten, die teilweise auch ohne Bootsführerschein gemietet werden können.

Motorradverleih – **Autos Mahon Rent** `4`: Moll de Llevant 35 (Hafen), Tel. 609 69 19 62, www.autosmahon rent.com. Vermietung von Fahrrädern, Motorrädern und Autos.

Infos und Termine

Oficina de Turisme: Moll de Llevant 2, 07701 Maó, Tel. 971 35 59 52, info menorcaport@menorca.es

Bus: TMSA-Busse Richtung Ciutadella 6–20 x tgl., alle 30 Min. nach Sant Lluís, Es Castell, mehrmals tgl. zu allen Südstränden. Busse der Gesellschaft Autos Fornells: nach Arenal, Son Parc, Fornells und Platges de Fornells 1–3x tgl. Busstation: Plaça de s'Esplanada.

Fähren: Trasmediterránea (Tel. 902 45 46 45) verkehrt sonntags von Maó nach Palma de Mallorca (mit Pkw-Beförderung), Dauer: gut 6 Std.

Taxi: Plaça de s'Esplanada, Tel. 971 36 71 11.

Internationales Jazzfestival: Jazzkonzerte Ende März bis Anfang Juni in verschiedenen Lokalen.

Opernwoche: 1. Maihälfte im Teatre Principal.

Sant Pere: Fest der Seeleute, letztes Juniwochenende am Hafen von Maó.

Festival de Música de Maó: Sommerkonzerte im Juli/August mit Chören, klassischer Musik und Orgelkonzerten in der Kirche Santa Maria und im Teatre Principal.

Carmen: Ehrung der Schutzpatronin der Fischer und Seeleute mit Bootsprozessionen am Hafen (um den 16. Juli).

Segelregatta: letzte Woche im August mit Epochensegelbooten.

Verge de Gràcia: Fest zu Ehren der Schutzheiligen der Stadt mit Umzügen, Wettbewerben, Märkten und Konzerten (7.– 9. Sept.).

In der Umgebung

Der Straße Cós de Gràcia folgend, erreicht man den am Stadtrand gelegenen Friedhof, dessen Kirche zahlreiche Votivgaben von aus Seenot geretteten Matrosen und das Bildnis der Madonna Verge de Gràcia birgt. 1 km weiter südlich liegt die prähistorische Siedlung von **Trepucó** (▶ J 6) mit dem größten Talaiot Menorcas und einer 5 m hohen Taula, die im Jahre 1930 von Margaret Murray freigelegt wurde.

Auf der Hauptstraße in Richtung Ciutadella biegt 500 m hinter der Flughafenabzweigung ein schmaler Fahrweg (Hinweisschild) zu **Talatí de Dalt** (▶ H 6) ab, einer der schönsten prähistorischen Stätten Menorcas ab. Berühmt ist die Taula mit dem angelehnten Menhir.

Knapp 10 km von Maó entfernt liegt **Es Grau** (▶ J 5). Am Rande der malerischen Bucht bauten die Hauptstädter zu

Beginn des 20. Jh. ihre bescheidenen Sommerhäuschen. Viele der einfachen Feriendomizile sind noch in den Straßen s'Arribada und Pescadors zu sehen. Am Ortseingang führt eine Holzbrücke über den Kanal, der eine Verbindung zwischen Meer und Lagune darstellt. Dahinter erstrecken sich die feinsandige Bucht, ein Dünengebiet mit Kiefernwald, und der **Naturpark s'Albufera des Grau**, der durch Wanderwege erschlossen ist (`direkt 3` S. 42).
Bootsverleih: Lloguer Es Grau, am Hauptstrand, ww.menorcaenkajak.com. Auswahl vom Kajak über Tretboote bis zur Segeljolle. Verleih stundenweise.
Bus: nur im Hochsommer 3 x tgl. nach Maó.

Es Castell ▶ J 6

Die 1771 von den Engländern gegründete Garnisonsstadt nannte sich zu Ehren des britischen Königs Georgetown, die Spanier tauften sie später in Villacarlos um und die Menorquiner sagen seit jeher einfach Es Castell (Die Festung).

Auf allen Straßenschildern reitet der furchtlose Drachentöter St. Georg, Symbol der Stadt. Die meisten Häuser haben noch heute englische Vertikalschiebefenster und waschechte britische Pubs findet man an jeder Straßenecke. Traditionell eine Stadt der Seeleute und Zuwanderer, ist Es Castell (ca. 6900 Einw.) kein Schmuckstück, aber die urige Hafenbucht Cales Fonts mit ihren Fischerbooten, Bars und Restaurants lockt in lauen Sommernächten zahlreiche Gäste zum Mondschein-Dinner an die autofreie Promenade.

Nostra Senyora del Rosari
Die der Rosenkranzmutter geweihte Pfarrkirche am Ortseingang wurde 1797 vollendet und 1990 restauriert. Das schlichte Portal führt in den von einem Tonnengewölbe bedeckten Kirchenraum. Sehenswert sind die Altaraufsätze und Heiligenfiguren der Seitenkapellen. Das Taufbecken stammt aus dem ehemaligen Castell de Sant Felip (s. u.).

Museu Militar
Plaça s'Esplanada, 19, Tel. 971 36 21 00, www.museomilitarmenorca.com, Mo, Mi, Fr 10–13 Uhr, 3 €
Das in einer alten Kaserne untergebrachte Museum bietet eine umfangreiche Sammlung über die militärische Vergangenheit Menorcas und die Stadtgeschichte von Es Castell. Ein zehnminütiger Videofilm (auch in Deutsch) gibt einen Überblick über die Militärgeschichte der Insel.

Fort Marlborough ▶ K 7
Tel. 902 92 90 15, Di–Sa 9.30–19, So/Mo 9.30–14.30 Uhr, 3 €, mindestens bis Mitte 2013 wegen Restaurierung geschl.
In der Cala Sant Esteve, knapp 3 km von Es Castell entfernt, bauten die Briten zwischen 1716 und 1726 das Fort Marlborough. Im Jahre 1782 wurde es von den Spaniern abgerissen und während der dritten englischen Herrschaft (1798–1802) nach den Plänen des Militärbaumeisters Robert d'Arcy neu aufgebaut. Heute birgt die halb unterirdische Anlage ein hypermodernes Museum mit Licht- und Soundshow. Etwa 45 Minuten dauert die Reise in die Welt des 18. Jh., bei der weder Kanonendonner noch Karten spielende Soldaten fehlen.

Castell de Sant Felip
15. Juni–15. Sept., Anmeldung: Museu Militar, Tel. 648 611 213, Erw. 20 €, Kinder 10 €
Auf einer geführten Nachtwanderung erkundet man die unterirdi- ▷ S. 46

Karte: ► J 4–5

Als die UNESCO die Insel Menorca im Jahre 1993 zum Biosphärenreservat erklärte, wurde der gesamte Landstrich rund um den Küstenort Es Grau im Nordosten der Insel zur Kernzone eines schützenswerten Naturgebietes erklärt. Im Jahre 1995 wurde daraus der Naturpark S'Albufera des Grau, der zum europäischen Netzwerk Natura 2000 gehört und der bei Wanderern, Geologen, Ornithologen und Naturfreunden immer beliebter wird.

Der Naturpark

Das **S'Albufera des Grau** mit seinen Wäldern und Wiesen, seinen See- und Sumpfgebieten, seinen Badebuchten, Olivenhainen, Kiefernwäldern und landwirtschaftlich genutzten Flächen umfasst eine Gesamtfläche von über 5000 ha. Die Lagune, eine 70 ha große und bis zu 3 m tiefe Wasserfläche, sowie die herrliche Küstenlinie, die sich von Es Grau bis zum Leuchtturm von Favàritx und weiter bis zur Bucht von Addaia zieht, sind ideale Wander- und Freizeitgebiete, denn auf wenigen Quadratkilometern finden Naturfreunde verschiedenste Landschaftsformen und viele seltene Pflanzen- und Tierarten. Ausgeschilderte Wanderpfade (insgesamt drei verschiedene Routen) weisen Besuchern den Weg. Ein Informationszentrum sowie Schautafeln im Gelände informieren über Flora und Fauna.

Hinauf zum Mirador

Ausgangspunkt für die Wanderung auf der blauen Route (Itinerari de Sa Gola) ist der Parkplatz der kleinen Küstensiedlung **Es Grau** 1. Knapp fünf Minuten läuft man auf der Landstraße zurück, bis zu einem von Tamarisken umschlungenen hölzernen Gattertor, das den Eingang zur größten Feuchtzone der Insel bildet. Das See- und Sumpfgebiet, in dem sich Süß- und Salzwasser

mischen, ist ein Refugium für Stocken-
ten, Blässhühner und Teichenten. Besonders im Frühjahr, Herbst und Winter
stolzieren Graureiher, Seidenreiher und
Stelzenläufer durch das Schilf. Eine
Steinbrücke führt über den **Kanal La
Gola** 2, der die Lagune mit dem Meer
verbindet. Dem Schild *Mirador* (Aussichtspunkt) folgend, wandert man auf
hölzernen Stegen oberhalb der salzlie-
benden Pflanzen, die auf morastigem
Grund gedeihen und deren verschiedene Arten auf einer Informationstafel erklärt werden. Nach dem Passieren einer Trockensteinmauer kann man direkt am See rasten und die Vielfalt der
Vogelwelt auf sich wirken lassen.

Dort informiert eine weitere Tafel
über die elf verschiedenen Fischarten,
die im Albufera leben. Darunter die
Gambusia holbrooki, ein amerikani-
scher Süßwasserfisch, der vor mehr als
100 Jahren zur Mückenbekämpfung
eingeführt wurde. Seit dem Ende des
12. Jh. wird in der Lagune Aalfang betrieben. Die in den Gehöften am See lebenden Familien haben noch heute die
Genehmigung, mit besonderen, an Stö-
cken befestigten Netzen Aale zu fan-
gen. Sie finden auf der Nachbarinsel
Mallorca und im Ebro-Delta guten Absatz.

Ein steiler Stufenweg führt anschließend hinauf zum **Mirador** 3, einer
Aussichtsplattform, von der sich ein
herrlicher Panoramablick über die gesamte Wasserfläche mit ihren einsamen
Inseln eröffnet. Einzig verschiedene Vogelarten finden dort Ruhe- und Brutplätze. Am anderen Ende der Lagune
ziehen sich Hügel ins Landesinnere bis
zum höchsten Berg der Insel, rechter
Hand schmiegt sich Es Grau an die weite Bucht am offenen Meer. Am Himmel
kreisen Raubvögel, darunter Turmfalken, Schmutzgeier, Fischadler und Rot-
milane.

Durch den schattigen Wald

Nach dem Abstieg und hinter der Trockensteinmauer biegt der Weg links in ein
schattiges Kiefernwäldchen ab. Dort leben Igel, Gartenschläfer, Landschildkröten
und Marder, aber auch Reptilien wie Ei-
dechsen und die ungefährliche Treppen-
natter, die man jedoch höchst selten zu
Gesicht bekommt. Am Ende des schattigen Pfades informieren verschiedene Tafeln über die Pflanzen, die in der *Marina*,
der küstennahen Macchia-Vegetation, ihren Lebensraum haben. Darunter befinden sich Mastixsträucher, Wolfsmilchge-
wächse und wilder Spargel. Direkt an der
Küste ist der Einfluss des Windes auf die
stachelige Küstenvegetation besonders
deutlich. Dort wachsen Dornenpflanzen,
die auf steinigem Grund gedeihen und
vom starken Salzwind zu stacheligen Kissen geformt werden. In den Dünen am
Rande des **Strandes** 4 sprießen Strand-
hafer, Stranddisteln und Strandlilien.

Zum alten Verteidigungsturm

Am Nordrand der sandigen Bucht steigt
der Weg an und führt dann im weiten
Bogen um eine Niederung, passiert einige einzeln stehende Kiefern und biegt

Übrigens: Besonders Vogelfreunden
seien die beiden Wanderrouten auf der
meeresfernen Seite der Lagune, unweit
des Informationszentrums, empfohlen.
Die rote Route führt auf ebenem Gelände am südlichen Seeufer entlang.
Auf der grünen Route hat man von
kleinen Hügeln aus schöne Ausblicke
auf das See- und Moorgebiet. Auf dem
Weg gibt es mehrere Vogelbeobach-
tungsposten. Auf felsigen Inselchen
haben Kormorane und andere Wasservögel einen Ruheplatz gefunden und
im Prat, einer saisonal überfluteten
Moorzone, leben Enten und Reiher.

kurz darauf ins nächste Wäldchen ein. Der schattige Pfad endet nach einer Rechtsbiegung auf einer baumlosen Hochebene. Dort eröffnet sich ein traumhafter Blick auf den in ca. 4,5 km Luftlinie in nordöstlicher Richtung stehenden schwarz-weiß gestreiften **Leuchtturm von Favàritx** (s. Infos rechts).

Im Vordergrund sieht man den dicken Verteidigungsturm **Sa Torreta** **5** aus britischer Zeit. Nach wenigen Metern führt links ein abschüssiger Pfad hinunter zu einer steinigen Bucht. Von dort folgt man dem Küstenpfad, der zum Teil auf dem historischen Pferdeweg, dem Camí de Cavalls verläuft, passiert zwei menschenleere Strände, niedrige Dünen, Schilf und kleine Wassertümpel und erreicht nach etwa 20 Minuten den auf einer Felsnase thronenden Verteidigungsturm den die Briten Ende des 18. Jh. zum Küstenschutz gebaut haben. Von der Felsspitze lässt sich der gesamte Küstenstrich und die vorgelagerte Insel Illa den Colom mit ihren beiden Sandstränden überblicken. Von hier aus kann man auch zahlreiche Seevögel wie Krähenschaben, Kormorane, Korallenmöwen und den Gelbschnabelsturmtaucher beobachten.

Zu einsamen Buchten

Auf dem Rückweg geht man den gleichen Pfad zurück, steigt aber nicht auf die Hochebene hinauf, sondern folgt erst dem Camí de Cavalls und dann küstennah schmalen Pfaden, immer in Richtung der vorgelagerten Insel Illa den Colom, hält sich weiterhin links und erblickt bald unterhalb des Steilhangs eine ganze Palette von **Miniatursträndern** **6**, die als Geheimtipp für hüllenlose Schwimmer gelten. Nach der Badepause führt der Rückweg über eine kleine malerische Bucht (Cala en Vidrier) mit weißem **Ferienhäuschen** **7**, dann steigt man auf losem Schiefergestein steil den nächsten Hügel nach oben und umrundet anschließend den Strand von Es Grau. Der Küstensaum wird besonders im Frühjahr und Herbst von Resten der Unterwasserpflanze *Posidonia oceanica* bedeckt. Es handelt sich dabei um Blätter der Neptungraswiesen, die auf dem Meeresgrund große Wälder bilden und den Lebensraum für viele Fische und andere Meeresbewohner darstellen.

Den Abschluss der Wanderung bildet eine Rast in der **Bar Es Grau** **1** oder in einem der anderen kleinen Lokale der beschaulichen Küstensiedlung.

Infos

Anfahrt: ab Maó 8 km in Richtung Nordküste fahren und an der Nordstraße (Me-7) dem Hinweisschild Es Grau folgen.

Dauer der Wanderung: ca. 3 Stunden.

Ausrüstung: Nicht vergessen, Sonnenschutz mitzunehmen und rutschfeste Schuhe anzuziehen. Außerdem bietet es sich an, Badezeug, Fernglas und, für Botanikinteressierte, ein Pflanzenbuch dabeizuhaben.

Centre de Recepció Rodríguez Femenias **8**

Carretera Maó–Es Grau, km 3,5, Tel. 971 35 63 02, tgl. 9–15 Uhr. Dauerausstellung über die Ökosysteme der Albufera, Videofilm, Informationen und Pläne zu den einzelnen Wanderwegen. Verschiedene Veranstaltungen und geführte Touren nach Voranmeldung.

Essen und Trinken

Bar Es Grau **1**: Plaça de Mestre Jaume 13, tgl. 9.30–22 Uhr. Gemütliche

Er warnt vor der zerklüfteten Küste – der Leuchtturm von Favàritx

Kaffeebar unter schattigen Tamarisken. Keine warmen Gerichte, die belegten Brote (ab 3,50 €) schmecken auch gut. **Es Moll 2:** Moll d'es Magatzems, tgl. 11–22 Uhr. Ganz versteckt im hintersten Winkel neben den Bootsgaragen der Einheimischen. Tapesspezialitäten und gegrillte Sardinen (10 €). **Tamarindos 3:** Pas d'es Tamarells 14, Tel. 971 35 94 20, tgl. 12.30 bis 15.30, 18.30–23 Uhr. Ein Logenplatz direkt am Meer, dazu eine Paella nach Seemannsart (*Paella a la marinera*) oder Tintenfische mit Zwiebeln (*Pop amb ceba*), ca. 14 €.

Abstecher zum Leuchtturm von Favàritx

Nachtblau ist das Meer und pechschwarz die Schieferlandschaft rund um den gischtbesprühten **Leuchtturm** auf dem **Cap de Favàritx.** Einsam steht er auf dem Nordostkap und warnt die vorbeifahrenden Schiffe vor den gefährlichen Felsen der zerklüfteten Küste. Die Gegend rund um das Kap ist erdgeschichtlich der älteste Inselteil – ein Erlebnis für Geologen und

Botaniker. Aber auch andere Naturfreunde werden die bizarre Landschaft und die widerstandsfähige Flora, die in windgeschützten Erdmulden dem rauen Klima trotzt, faszinieren. Wer von Es Grau bis zum Leuchtturm von Favàritx wandern will, ist 3 bis 3,5 Std. auf dem Camí de Cavalls unterwegs. Einfacher geht es mit dem Auto über die Nordstraße Me-7 und dann auf der Zufahrtsstraße Cf-1.

schen Tunnel der ehemaligen Festung an der südlichen Hafenmündung. Kanonendonner, ein Lazarett, verkleidete Soldaten – ein Erlebnis für die ganze Familie.

Übernachten

Einfach, aber ruhige Lage – **Hostal Horizonte**: Plaça Horizonte, Son Vilar (Es Castell), Tel. 971 36 29 22, www.hostal-horizonte.com, DZ 40–60 €. Ruhig gelegene Stern-Pension mit roter Fassade, einfachen Zimmern, Café. 15 Min. Fußweg nach Maó oder Es Castell.

Hafenblick – **Agamenón**: Carrer Agamenón 16, Tel. 971 36 21 50, Fax 971 36 21 54, www.sethotels.com, DZ 90 bis 156 €. 4-Sterne-Hotel am Ortsrand. 75 Zimmer mit kleiner Terrasse und Hafenblick. Bar-Restaurant, Pool und Garten.

Essen und Trinken

Tapes – **Miramar**: Moll de Cales Fonts 15, Tel. 971 36 46 43, Di–So 12–15.30, 18.30–24 Uhr. Ausgefallene Tapessspezialitäten (6–16 €) vom feinen Stockfischsalat (*Ensalada de bacalao*) bis zu köstlichen Baby-Tintenfischen in karamellisierter Zwiebeltunke.

Fisch und Paella – **Can Delio**: Moll de Cales Fonts 38, Tel. 971 35 17 11, Di bis So 12.30–15.30, 18.30–24 Uhr, 20–30 €. Fischbratküche von Luïsa und Angel, günstiges Tagesmenü und dazu einen schönen Ausblick, .

Lebhaft – **Bar España**: Victori 48, Tel. 971 36 32 99, tgl. 12.30–15.30, 18.30–23 Uhr, 20 €. Das Mittagsmenü lockt ein bunt gemischtes Publikum an. Auch abends zivile Preise.

Einkaufen

In den ehemaligen Fischerhöhlen von Cales Fonts öffnen im Sommer schicke Boutiquen mit Kunst, Modeschmuck und ausgefallenen Klamotten.

Sport und Aktivitäten

Badeplatz – **Cala Pedrera**: Nur 5–10 Minuten von Es Castell, zwischen den neuen Siedlungen Santa Ana und Sol del Este, liegt die Cala Pedrera, der einzige öffentliche Sandstrand innerhalb des Hafens von Maó.

Infos und Termine

Bus: alle halbe Stunde nach Maó, Abfahrt vor der Kirche.

Sant Jaume: Patronatsfeiern mit Jahrmarkt, Pferden und Feuerwerk am 24./25. Juli.

Sant Lluís ▶ J 7

Der Ursprung dieser 3 km südlich von Maó gelegenen Ortschaft (ca. 5900 Einw.) geht auf das 18. Jh. zurück, als die Franzosen, die im Jahr 1756 Menorca von den Briten erobert hatten, einen Mittelpunkt für die verstreut liegenden Weiler und Landgüter schaffen wollten. Sie begannen den Bau einer großen **Pfarrkirche**, legten Straßen an und errichteten die ersten Wohnhäuser. So entstand das Stadtgebiet rund um die Kirche und den alten **Wehrhof** Binifadet mit seinem quadratischen Wachtturm.

Der Inselgouverneur und Stadtgründer Graf von Lannion leitete die Geschicke Menorcas bis zu seinem Tod im Jahr 1762. Ein Jahr später mussten die Franzosen die Insel erneut verlassen. Kurz darauf wurden die drei **Windmühlen** Molí de Dalt, Molí d'Enmig und Molí de Baix gebaut, deren Türme noch immer an den bäuerlichen Ursprung der Siedlung erinnern.

Pla de sa Creu

Das Kreuz auf dem Dorfplatz erinnert an den französischen Inselgouverneur Graf Lannion. Gegenüber erhebt sich

Die Molí de Dalt in Sant Lluís beherbergt ein ethnologisches Museum

die **Pfarrkirche**. An der Fassade prangt noch das Wappen Frankreichs mit der Inschrift »Divo Ludovico Sacrium dedicavere gall« (»Dem hl. Ludwig weihen die Franzosen dieses Gotteshaus«), Namensgeber ist Ludwig der Heilige von Frankreich.

Molí de Dalt

Tel. 971 15 10 84, Mo–Fr 10–14, Sa 10–13 Uhr, 1,20 €
Das ethnologische Museum in der 1762 erbauten Getreidemühle mit dem blauweiß gestreiften Dach ist die Hauptattraktion des Ortes. Gezeigt werden Feld- und Handwerksgeräte, alte Fotografien, die die Geschichte der Ortschaft dokumentieren, sowie alle Gerätschaften, die zum Getreidemahlen gehören.

Übernachten

Idyllisch – **Biniarroca Hotel Rural**:
Camí Vell, an der Landstraße Sant Lluís–Es Castell nach 1 km links, Tel. 971 15 00 59, www.biniarroca.com, DZ 80 bis 295 €. Von Bougainvilleen umschlungenes Landhaus aus dem 15. Jh. mit rauchblau gekacheltem Pool. Die zwölf komfortablen Zimmer und Suiten sind mit Originalbildern der englischen Malerin Lindsay Mullen geschmückt.

Essen und Trinken

Tapeslokal – **La Rueda**: Carrer de Sant Lluís 30, Tel. 971 15 03 49, Mi–Mo 11–24 Uhr, 20 €. Beliebter Treffpunkt von Einheimischen, englischen Residenten und Feriengästen. Das Lokal bietet eine riesige Tapesauswahl von pikanten Hackfleischbällchen bis hin zu leckerem Fischsalat.

Einkaufen

direkt 4 ▶ S. 48

4 | Weißwein modern – das Weingut von Binifadet

Karte: ▶ J 7

Das Weingut Binifadet bei Sant Lluís lockt mit seiner futuristischen Bodega und den modernen Produktionsräumen Weinliebhaber zu geführten Besichtigungen, Weinproben, Ausstellungen und anderen Events.

Die Weingegend

Der Südosten der Insel war schon in der Vergangenheit ein typisches Weinanbaugebiet. Dass es dort die meisten Rebflächen gab, davon zeugen Namen wie ›Sa Vinya‹ oder ›Ses Vinyes‹, denen man noch immer in den kleinen Weilern rund um Sant Lluís begegnet. Der Boden dieser Gegend verfügt über genügend Grundwasserreserven und besteht aus Tonerde auf felsigem Kalksteingrund. Unzählige Steinmauern und dicht belaubte Olivenbüsche schützen die Weingärten vor dem gefürchteten Tramuntana-Nordwind.

Edle Tropfen von Menorca

Die Blütezeit des menorquinischen Weinanbaus fiel in das 18. Jh., als die Engländer nicht nur ihren eigenen Gin auf der Insel brannten, sondern ganze Schiffsladungen Weißwein an Bord nahmen. Nachdem die Briten die Insel verlassen hatten, sank die Produktion. Dann gelangte die Reblausplage, aus Frankreich kommend, auf die Balearen und zerstörte erst auf Mallorca, dann auf Menorca alle Weinstöcke.

Fast ein ganzes Jahrhundert mussten die Menorquiner ohne eigenen Wein auskommen. Nur in der Inselmitte, nördlich von Es Mercadal, gab es schon in den 1990er-Jahren wieder einen Weinbauern, der jedes Jahr im September einen kräftigen Rotwein in Flaschen füllte. Die Produktion war jedoch beschränkt und die wenigen Liter Rebensaft wurden ausschließlich im Familienrestaurant Can Aguedet ausgeschenkt.

Inzwischen erlebt der Weinanbau Menorcas eine Renaissance. Insgesamt sieben Winzer sind in den letzten Jahren aktiv geworden und der Weißwein aus der Gegend von Sant Lluís hat mittlerweile sogar internationale Anerkennung gefunden. In den feinen Schlemmerlokalen der Insel gilt es inzwischen sogar als schick, Wein aus heimischen Gefilden zu bestellen und auch bei Gastronomiemessen wird viel Wert darauf gelegt, einen guten Tropfen aus dem inseleigenen Weinsortiment auszuschenken.

Übrigens: Jeden Sommer dienen die Räumlichkeiten der Bodega von Binifadet als Ausstellungssäle mit Werken, die zum Thema Wein passen.

Die Bodega von Binifadet

Carlos Anglés gehört zu den Erneuerern des Weinanbaus auf Menorca. Seit 1979 experimentiert er auf seinem privaten Anwesen, der Vinya d'en Saturní bei Sant Lluís, mit verschiedenen Rebsorten. Heute stehen auf einer 10 ha großen Rebfläche etwa 80 000 Weinstöcke.

Im Sommer 2004 öffnete die Kellerei von Binifadet ihre Pforten, in der Besucher an Besichtigungen und Weinproben teilnehmen können. Entwurf und Gestaltung des futuristischen Gebäudes der Bodega erfolgte durch den Architekten Lluís Vives, der auch Urheber des Sitzes der Inselregierung ist. Für den Bau wurden edle Materialien und helle Farbtöne verwendet. Beide Ebenen des Gebäudes verfügen über jeweils 500 m² Nutzfläche. Der Weinkeller ist eingebettet in einer Vertiefung, die direkt aus dem Kalkstein gehauen wurde und an einen unterirdischen Steinbruch erinnert. Dort ruht der Rotwein in Fässern aus französischer Eiche und reift unter idealen Bedingungen, was Temperatur und Feuchtigkeit betrifft.

Weinlese und Herstellung

Hinter der Kellerei erstrecken sich die gepflegten Weingärten. Die dort reifenden Trauben werden zur Erntezeit im September handgepflückt, dann aber mit modernster Technik verarbeitet. Im Erdgeschoss der Bodega kommen die Trauben erst in die Presse und dann in die großen Edelstahlbehälter für die Fermentation. Einmal zu Most verarbeitet, gelangt dieser ins Kellergeschoss, wo der Weißwein in Flaschen gefüllt und der Rotwein acht bis zehn Monate in Eichenfässern zum Reifen gelagert wird und anschließend mehrere Jahre in Flaschen nachreift. Die Jahresproduktion des Gutes beträgt rund 45 000 Flaschen. Besucher können sich einem geführten Rundgang anschließen, bei dem der gesamte Herstellungsprozess erklärt wird.

Das Sortiment

Bei der anschließenden Weinprobe wird das gesamte Weinprogramm der Firma verkostet und kommentiert. Der Vino Tinto, ein kräftiger rubinfarbener Rotwein, zu 90 % aus Merlot- und zu 10 % aus Cabernet-Sauvignon-Trauben, war der Erstling aus dem Hause Binifadet. Er reifte in Holzfässern aus ungarischer Eiche und kam erstmals im Jahre 2004 auf den Markt. Sein Aroma erinnert an Kirschen und andere rote Früchte.

Inzwischen wurde das Sortiment erweitert: Mit dem Jahrgang 2007 konnte man einen neuen Rotwein aus Syrah-Trauben vorstellen. Es folgten ein leichter Rosé, der aus Merlot, Syrah und Cabernet Sauvignon komponiert wurde, sowie ein weißer Dessertwein aus Moscatel-Trauben. Aber der Spitzenwein

Besichtigen und probieren im Weingut Binifadet

von Binifadet ist der inzwischen mehrmals preisgekrönte weiße Chardonnay, den selbst der katalanische Starkoch Ferrán Adrián als einen der besten spanischen Weißweine gelobt hat. Sein Aroma erinnert an reife Früchte wie Aprikosen und Pfirsiche und er passt ausgezeichnet zu Fisch und anderem Meeresgetier. Zur Weihnachtszeit bringt die Bodega Binifadet ihren eigenen rosafarbenen Schaumwein auf den Markt, der bei Ortsansässigen sehr beliebt ist und schnellen Absatz findet.

Neu im Verkauf ist auch der in Rotwein getauchte Ziegenkäse und die hauseigene Weinmarmelade. Nach der Degustation lassen sich begeisterte Besucher auch gerne eine Kiste Wein nach Hause schicken oder erstehen eine edle Flasche aus dem Schankraum.

Öffnungszeiten
Bodegas Binifadet: Am Ortsausgang von Sant Lluís an der Landstraße Richtung Es Castell, Tel. 971 15 07 15, www.binifadet.com, April, Okt. tgl. 10–20, Mai, Sept tgl. 10–22, Juni, Juli, Aug. 10–24 Uhr. Auf der Terrasse werden die hauseigenen Weine ausgeschenkt und leckere Kleinigkeiten serviert.

Schlemmen und Wein trinken
Im beschaulichen Garten oder in den Gewölben der alten Stallungen des **Landhotels Alcaufar Vell,** Carretera Cala Alcaufar, km 8, Tel. 971 15 18 74, www.alcaufarvell.com, bei Sant Lluís werden leichte kulinarische Kreationen und dazu menorquinische Weine aufgetischt.

Sport und Aktivitäten

Hipódrom Municipal: Zwischen Sant Lluís und Maó. Jedes Wochenende Trabrennen, im Sommer Sa 17.30, im Winter So 11 Uhr.

Aeroclub: Das Flugfeld neben der Pferderennbahn wird nur von Privatmaschinen benutzt. Preiswerte Rundflüge über die Insel nach Vereinbarung.

Infos und Termine

Bus: tgl. alle halbe Stunde nach Maó, mehrere Verbindungen nach S'Algar, Punta Prima, Binibèquer.

Festa de Sant Lluís: Patronatsfeiern mit Reitern, Kutschen, Konzerten, Tanz und Feuerwerk am letzten Wochenende im August.

In der Umgebung ▶ J 7

Rund um Sant Lluís findet man in den winzigen Dörfern **Torret**, **S'Ullastrar**, **Es Consell** und **Pou Nou** schöne Beispiele für die traditionelle Architektur Menorcas und alte Wehrhöfe mit von Zinnen gekrönten Wachttürmen.

In Richtung Binibèquer passiert man kurz hinter dem Weiler S'Ullastrar die kleine archäologische Stätte **Binissafullet** mit unter wilden Olivenbäumen stehender Taula und einem Talaiot (s. S. 63).

Cala d'Alcalfar ▶ K 7

Südöstlich von Sant Lluís liegt diese stille Sommersiedlung am Rande einer langgestreckten Bucht, die von alters her gewachsenes Wochenenddomizil von menorquinischen Familien ist, die in hübschen Villen teils aus dem frühen 20. Jh. die heißen Sommertage genießen. Im inneren Teil der Bucht liegt der nur 50 m lange Sandstrand, doch auch die Rampen vor den Bootshäusern dienen als Badeplätze. Über dem winzigen Sand-

platz Es Caló Roig wacht auf einer Felsnase die Torre d'Alcalfar, ein von den Spaniern im 18. Jh. erbauter Turm, der vor einigen Jahren renoviert wurde.

Essen und Trinken

Kleiner Imbiss – **Piccolo Mundo**: Carrer de Xaloc 13, Tel. 971 15 10 73, Mi–Mo 11–15, 19–23 Uhr, ca. 15 €. Gartenlokal unter schattigen Bäumen, mit schönem Blick auf die Nachbarsiedlung S'Algar. Snacks und kleine Gerichte.

S'Algar ▶ K 7

Der Menorquiner Gabino Sintes Pons gilt als Gründer der gepflegten Feriensiedlung, die vor gut 30 Jahren am Südostzipfel der Insel entstanden ist. Seine Büste steht im Innenhof des Hotels S'Algar. Der Küstenort ist ideal für sportlich aktive Gäste, alle Unterkünfte sind ruhig gelegen und von Gartenanlagen umgeben. Am Meer findet man eine geschmackvoll gestaltete Poollandschaft und die Seepromenade mit schönem Blick auf den Leuchtturm der vorgelagerten Felsinsel Illa de l'Aire.

Übernachten

Traditionshotel – **S'Algar**: Tel. 971 15 17 00, www.salgarhotels.com, DZ 100–180 €. Zweistöckiger Flachbau im menorquinischen Stil, direkt am Meer gelegen, mit tropischem Innengarten, 106 Zimmer mit Balkon oder Terrasse. Ruhiges Publikum.

Essen und Trinken

Exotisch – **Asia**: Am Ortseingang neben dem Hotel San Luís, Tel. 687 88 65 87, Di–So 19–23 Uhr. Feine asiatische Küche.

Sport und Aktivitäten

Tennis – **Club de Tenis S'Algar**: Tel. 971 15 03 61. Vier Kunstrasenplätze mit Flutlicht, zwei Paddletennis-Plätze, Verleih von Schlägern und Bällen, Tennisunterricht, Gymnastik, Sauna und Massagen.

Vielseitig aktiv – **S'Algar Sports**: Beim Hotel San Luís und dem Club de Tenis S'Algar, Tel. 971 35 94 54. Großzügig angelegtes Sportgelände mit Tischtennis, Bowling, Minigolf, Golfübungsanlage, Fußballplatz, Gigantenschach, Fahrrad- und Mountainbike-Verleih.

Tauchen – **S'Algar Diving**: Passeig Marítim, Tel. 971 15 06 01, www.salgardiving.com. Tauchkurse, Schnorcheltrips, Bootsverleih und Schnupperkurse. Besonderes Highlight ist das Grottentauchen am Cap d'en Font (► H 7).

Infos
Bus: 6 x tgl. nach Maó.

In der Umgebung ► K 7
Von der Hotelanlage Las Palmeras im oberen Teil der Feriensiedlung schlängelt sich ein Pfad hinunter in die **Caló von Rafalet**. In der Schlucht verstecken sich ein Steineichenwäldchen und eine Badebucht .

Punta Prima ► J 8

Das Meer rund um Punta Prima ist ein Paradies für Unterwassersportler; auch mit Flossen und Schnorchel kann man an den felsigen Ufern vielen Meeresbewohnern begegnen. In den letzten Jahren hat sich Punta Prima zum Treffpunkt für Surfer entwickelt, die auch im Winter mit ihren Brettern auf den Wellen reiten. Am feinsandigen Strand gibt es Liegen, Sonnenschirme und Tretboote. Am Rande der Sandfläche stehen noch die alten Bootsgaragen der Einheimischen und bescheidene Sommerhäuschen aus den Anfangstagen. Erst auf den zweiten Blick entdeckt man das Ende der 1990er-Jahre

entstandene Apartmenthotel Insotel Punta Prima. Westlich des Strandes bilden Felsterrassen Aussichtspunkte zur Leuchtturminsel Illa de l'Aire. Der alte Wachtturm aus dem 18. Jh. oben auf dem Hügel birgt eine Jugendherberge.

Übernachten
Einfach – **Xaloc Playa**: Platja de Punta Prima, Tel. 971 15 91 20, www.xaloc.com, DZ 62–130 € (mit obligatorischer Halbpension). Von schattigen Pinienwäldchen umgebenes Strandhotel mit 133 Zimmern, gemütlicher Aufenthaltsraum, Pool mit Kinderbecken, Garten, Tischtennis, Billard, Fahrradverleih.

Essen und Trinken
Strandlokal – **Sebastian Place**: Tel. 971 15 90 68, tgl. 11–24 Uhr, ab 6 €. Große Terrasse unter dem Schilfdach und schöner Meerblick. Drinks, Snacks, Salate, Fisch- und Fleischgerichte.

Abseits – **Son Ganxo**: Son Ganxo 77, Tel. 971 15 90 75, Mo–Sa 13–15.30, 19–23, So und Juli/Aug. tgl. 13–15.30 Uhr, 25 €. Direkt am Meer gelegenes Lokal mit hübschem Interieur, Terrasse und Pool. Spinat auf katalanische Art, California-Salat, Curry-Geschnetzeltes à la Marrakesch – Küchenchef Norbert kocht einfallsreich und international.

Mit Meerblick – **En Caragol**: bei Biniancolla, Marina de Torret, Tel. 629 19 50 89, Di–So 13–15.30, 19–23 Uhr, 30 €. Die Terrasse vor dem alten Bootshäuschen ist ein Logenplatz für das ewige Schauspiel von Möwen und Meer. Frischer Fisch und ausgesuchte Weine.

Sport und Aktivitäten
Der feinsandige Strand gehört zu den schönsten Badeplätzen im Südosten und ist mit Duschen und Erste-Hilfe-Station ausgestattet. Plätze für Tennis, Volleyball und Minigolf findet man im Hotel Pueblo.

Puderzucker-Sandstrand von Punta Prima

Infos
Mini Tren: 5 x tgl. fährt der Binibèquer Express auf der Küstenstraße nach Binibèquer.
Bus: 9–17 x tgl. nach Maó.

In der Umgebung ▶ J 8
Als Kontrast zu den Hotelkästen rund um Punta Prima ist die Bucht von **Biniancolla** mit ihrem kleinen Schutzhafen, den Booten und weißen Häusern ein idyllischer Platz an der felsigen Südostküste. Es gibt hier keinen Sandstrand, doch schmale Pfade und Stufen führen zu netten Badeplätzen. In der Umgebung finden sich alte Bootshäuser und luxuriöse Ferienvillen.

Torret/Torret de Baix ▶ J 7–8

Das im Landesinneren gelegene **Torret** ist ein Dörfchen wie aus dem Bilderbuch: mit Mauern, die von rosa Bougainvilleen überwuchert sind, lustigen Windrädern auf blendend weißen Dächern, blühenden Gärten und versteckten Restaurants. Am besten lässt man das Auto an der Einfahrt stehen und geht zu Fuß durch die schmale Hauptstraße. Hinter dem Wachtturm führt ein Weg Richtung Meer bis nach **Torret de Baix**, dem am Meer gelegenen Ortsteil, der sich terrassenförmig um die felsige Cala Torret gruppiert. Die Küstensiedlung ist auch mit dem Auto über Biniancolla auf der Küstenstraße erreichbar.

Essen und Trinken
Käse und Wein – **Na Rosa**: Plaça de sa Font, Cala Torret, Tel. 971 15 08 03, Di–So 19–1 Uhr, 25 €. Nettes Bistro mit großer Auswahl an spanischen und französischen Käsesorten, Salatteller, Wurstplatten, ausgesuchte Weine, hausgemachte Desserts.

Ausgehen
Treff für Taucher – **Bar Paupa**: Cala Torret, tgl. 11–3 Uhr. Schöne Aussichtsterrasse direkt am Meer, Drinks, kleine Gerichte und sporadisch Livemusik.

Sport und Aktivitäten

Tauchen – **Triton Diving Center**: Tel. 609 61 75 20, www.tritondivingcenter.com. Angeboten werden Tauchkurse in deutscher Sprache, Nacht- und Grottentauchen. Außerdem Bootsverleih und Bootsausflüge.

Binibèquer/ Binibeca ► H/J 8

Am Rande des aus verstreuten Privatvillen bestehenden neuen Ortsteils **Binibèquer Nou** liegt der hübsche Sandstrand mit dem alten Bootshäuschen, in dem ein nettes Strandcafé eingerichtet ist. 1 km weiter westlich präsentiert sich der preisgekrönte Ferienkomplex **Poblado de Pescadores Binibèquer Vell**, der wie eine weiße Schneeflocke an der felsigen Küste klebt. Das Bilderbuchdörfchen entstand vor über 30 Jahren auf dem Zeichentisch eines katalanischen Architekten. Besucher lassen sich durch die verspielten Formen der Häuser, die engen Gassen, niedrigen Torbögen und winzigen Plätze bezaubern. Im Gassengewirr entdeckt man schmale Durchgänge, antike Türen, hübsche Keramikschilder und Gattertore in Miniaturformat. Den Mittelpunkt bildet eine offene Kapelle mit einer grazilen Christusfigur und einem hoch aufragenden Campanile (Glockenturm).

Übernachten

Urig – **Pueblo de Pescadores Binibeca Vell**: Tel. 971 15 06 12, www.hlghotels.com, Apartment (1–4 Pers.) je nach Größe und Monat 45–180 €. Apartments in den weißen Häusern der gleichnamigen Feriensiedlung und im moderneren Teil rund um den Pool.

Angenehm – **Eden Binibeca Club**: Passeig del Mar, Tel. 971 15 10 75, www.eden-hotels.com, 54–164 €. Hübsche Apartmentanlage direkt am Meer mit Pool, Garten und Restaurant.

Essen und Trinken

Freundlich – **Club Náutico**: Passeig de la Mar Binisafúa Roters, Tel. 666 95 74 14, ca. 25 €. Bei Einheimischen beliebter Platz zum Mittag- oder Abendessen. Tapes, Fisch und leckere Kleinigkeiten. Unbedingt reservieren.

Infos

Der Minizug Binibèquer Express fährt 5 x tgl. auf der Küstenstraße nach Punta Prima. **Bus:** 3 x tgl. nach Maó.

In der Umgebung ► H 7

Der idyllische Sandplatz von **Binissafúller** wird von blendend weißen Häusern, die im Sommer von blühenden Bougainvilleen überrankt sind, umgeben. In der Nähe findet man die Miniaturbucht **Es Caló Blanc**, die als kleinster Strand der Insel gilt. Die westlich ins Meer hineinragende Halbinsel **Cap d'en Font** stellt mit ihren Unterwasserhöhlen ein Paradies für Taucher dar. Der versteckte Badeplatz der **Cala de Biniparratx** liegt am Ende einer Kalksteinschlucht: Man erreicht ihn vom steinigen Parkplatz aus nach fünf bis zehn Minuten Wanderung. Die moderne Feriensiedlung von **Binidalí** besteht aus luxuriösen Ferienhäusern, gepflegten Pools und tollen Gartenanlagen. Zerklüftete Küstenfelsen schieben sich weit ins Meer hinein und verbergen die kleine Sandbucht Cala de Binidalí, die man über einen abschüssigen Stufenweg erreicht.

Essen und Trinken

Deutsches Bier – **Binidalí**: Binidalí 53, Tel. 971 15 34 55, tgl. 12.30 bis 15.30, 19–23 Uhr, 20 €. Nettes Lokal mit großem Pool unter deutsch-spanischer Regie. Kleine Karte mit einfachen Gerichten, darunter Kaninchen mit Knoblauchsauce.

Es Canutells ▶ H/J 8

Bevor die Apartmentanlage Mar de Menorca im oberen Teil der Küstensiedlung gebaut wurde, war Es Canutells ein abgeschiedener Platz der Einheimischen, die noch immer den Sommer in ihren Bootshäusern verbringen. Einige Stufen führen hinunter an die von hohen Felsen umschlossene Sandbucht, wo Fischkutter ankern, kleine Boote auf dem Sand liegen und Enten im Schilf schnattern.

Weiter östlich, unterhalb der schneeweißen Feriensiedlung Ses Tanques, verbergen sich die prähistorischen Wohnhöhlen von **Caparot de Forma** (▶ G/H 7) in der Steilküste.

Essen und Trinken

Guter Rastplatz – **Canutells**: Platja Canutells s/n, Tel. 971 18 89 34, tgl. 12.30–15.30, 18–23 Uhr. Auf der Terrasse oberhalb des Strandes lässt es sich gut aushalten – besonders, wenn Wirt Luís kühles Bier und gegrillte Sardinen (für 9 €) auftischt.

Sant Climent ▶ H 6

Unweit des Flughafens gruppiert sich diese kleine Wohnsiedlung zu beiden Seiten der Durchgangsstraße. Den Ortsmittelpunkt bilden der **Kirchplatz** und das **Casino San Clemente**, in dem sich Besucher zu jeder Tageszeit Tapes schmecken lassen. Die beiden englischen Pubs The Three Horseshoes und Coach and Horses weisen auf die vielen englischen Bewohner des Gemeindegebiets hin.

Fußgängerzone im Bilderbuchdörfchen Binibèquer Vell

Essen und Trinken

Treffpunkt – **Es Casino**: Carrer Sant Jaume 4, Tel. 971 15 34 18, Di–So 9–23 Uhr. Alteingesessenes Lokal, immer gut besucht, leckere Tapes, jeden Di Abend Livejazz.

Einkaufen

Käse – **Quesos San Clemente Bernardo Pons**: Plaça de Sant Climent 8. Kleine Käserei mit Direktverkauf, auch Wein und andere Kulinaria.

Cala en Porter ▸ G 6/7

Die weitläufige Feriensiedlung erstreckt sich auf der Ostseite der von hohen Felsen umschlossenen Sandbucht. Viele private Bungalows mit kleinem Garten und Pool, mittelgroße Hotels und Apartmentkomplexe, in denen hauptsächlich englische Gäste ihre Ferien verbringen, eine Einkaufsstraße mit Souvenirgeschäften, Snackbars und Restaurants prägen das Ortsbild. Unterhalb zieht sich eine fruchtbare, üppig bewachsene Schlucht ins Land hinein, in Küstennähe haben Enten in einem schilfbestandenen Feuchtgebiet ein Refugium gefunden.

Übernachten

Im neuen Kleid – **Playa Azul**: Passeig Marítim, Tel. 971 37 74 21, www.set-hotels.com, DZ 64–160 € mit obligatorischer Halbpension. 2010 vollkommen restauriertes Hotel hoch über der Bucht mit herrlichen Ausblicken. Pool, Restaurant, Klimaanlage und Heizung, Wi-Fi.

Zentral – **Apartamentos Juan-Tom**: Avinguda Central 8, Tel. 971 37 72 31, mboden@infotelecom.es, Wochenpreise 250–500 €. Zentral gelegenes Apartmenthaus mit sechs Ferienwohnungen jeweils für vier Personen, Küche, Terras-

Eine schönere Aussicht geht kaum – Terrasse bei der Cova d'en Xoroi

Naturhöhle mit Überraschungen

Oberhalb der Steilküste verbirgt sich eine langgestreckte Naturhöhle im Fels. Die **Cova d'en Xoroi** (▶ G 7), die zu den bekanntesten Sehenswürdigkeiten der Insel gehört, bietet Aussichtsterrassen, Tunnel und versteckte Nischen. An der Bar wird tgl. ab 11.30 Uhr eine im Eintrittspreis enthaltene Erfrischung ausgeschenkt. Ab 20.30 Uhr lockt die Ambient Session mit spezieller Musik Verliebte zum Sonnenuntergang und ab 23 Uhr folgt Discomusik bis open end. Bekannte DJs werden aus London und Ibiza eingeflogen, jeden Donnerstag gibt es eine Schaumparty.

se und Poolbenutzung, deutsch-menorquinische Besitzer.

Essen und Trinken
Guter Fisch – **El Pulpo**: Avinguda Central 347, Tel. 971 37 71 10, tgl. 12.30–15.30, 18–23 Uhr, 25 €. In der Ortsmitte gelegenes Speiselokal mit großer Terrasse. Wirt Salvador serviert hervorragende Fischspezialitäten.

Charmant – **La Vela**: Passeig Marítim, Tel. 971 37 74 52, Di–So 11.30–15, 19–24 Uhr, 20–30 €. Die charmanten finnisch-spanischen Besitzerinnen offerieren ausgefallene Gerichte.

Ausgehen
Tropische Cocktails – **Aloha**: Carrer Xaloc 10, in der Hochsaison tgl. 20 Uhr bis open end, Mai, Okt. So/Mo geschl., Mi Karaoke, So Livemusik. Manuelita und Eduardo bewirten ihre Gäste mit exotischen Drinks.

Sport und Aktivitäten
Tretbootverleih am Strand, Tennisplätze hinter dem Restaurant Salamandra.

Infos
Bus: 7 x tgl. nach Sant Climent und Maó.

In der Umgebung ▶ G 7
Über den **Camí de Cavalls** erreicht man in östlicher Richtung die benach-

barte Doppelbucht von **Cales Coves**. Sie ist von hohen Steilküsten umgeben, an denen sich rund 100 künstliche, in den Stein geschlagene Höhlen öffnen, die zwischen 800 und 350 v. Chr. von den Ureinwohnern als Begräbnisstätten benutzt wurden.

Die Römer wickelten später über diesen Landeplatz ihren Handelsaustausch ab. In der Cova de la Sala fand man römische Inschriften aus dem 2. Jh. n. Chr. und auf dem Meeresgrund unzählige Amphorenreste.

In den 1970er-Jahren begannen junge Leute, die Begräbnishöhlen als kostenloses Sommerdomizil zu nutzen. Auch einige Bewohner Menorcas machten die Höhlenbucht zu ihrer Heimat. Die Zahl der Höhlenbewohner wuchs stetig an, Unrat türmte sich am Strand. Die Inselregierung beschloss schließlich, die unliebsamen Besetzer auszuweisen, die Höhlen zu säubern und Gitter vor den Eingängen anzubringen, wodurch die ehemalige Nekropolis als historische Sehenswürdigkeit erhalten blieb.

Essen und Trinken
Fleischgerichte – **Can Bernat**: Carretera Calan Porter, km 8, Tel. 971 37 72 94, Mi–Mo 12.30–15.30, 19–23 Uhr, ab 30 €. In einem schönen Garten werden saftige Steaks vom Holzkohlegrill serviert.

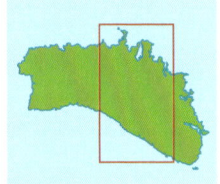

Migjorn und die Inselmitte

Alaior ▶ G 5

Die drittgrößte Ortschaft der Insel (ca. 9000 Einw.) gruppiert sich rund um den Hügel, auf dessen Spitze die Pfarrkirche Santa Eulàlia thront. Enge Gassen winden sich wie ein Labyrinth durch den Altstadtkern, vorbei an weiß gekalkten Häusern, deren grüne Türen und Fenster liebevoll mit Häkel- oder Spitzengardinen ausstaffiert sind. Im unteren Ortsteil findet man Schulgebäude, Käsefabriken und große Supermärkte.

Rund um Alaior erstrecken sich kleine Obst- und Gemüsegärten, in denen Melonen, Kürbisse, Pfirsich- und Apfelbäume gedeihen.

Bei Alaior liegt der kleine Zoo Lloc de Menorca, der besonders Kindern viel Spaß bringt (**direkt 5** ▶ S. 59).

Convent de Sant Diego

nur zu Ausstellungen geöffnet: Di–So 10–13, 19–21 Uhr
Die Kirche des ehemaligen Franziskanerklosters dient als Ausstellungssaal, in dem verschiedene Sonderausstellungen stattfinden.

Plaça de la Constitució

Das kommunikative Kulturzentrum mit Bar und Kino, das Café Ca na Divina, das im Sommer Tische und Stühle auf den Platz stellt, sowie historische Wohnhäuser mit hübschem Fassadenschmuck gruppieren sich rund um den Hauptplatz.

Cases Consistoriales

Im Carrer Major erhebt sich das palastartige Gebäude aus dem 17. Jh., in dem 1672 die erste Ratssitzung stattfand. Eine Tafel im ersten Stock oberhalb der schönen Freitreppe erinnert an den Besuch des spanischen Königs Alfons XII. im Jahre 1877. Im Erdgeschoss befinden sich ein alter Ziehbrunnen und Räume für Ausstellungen und Vorträge. Das Rathaus birgt außerdem eines der ältesten Stadtarchive der Insel.

Església de Santa Eulàlia

Wie eine Festung erhebt sich die 1674 bis 1690 gebaute Hauptkirche auf dem höchsten Punkt der Stadt. Sehenswert ist die Fassade mit dem prachtvollen Barockportal, das pflanzliche Ornamente, Grotesken und das Bildnis der heiligen Eulàlia aufweist. Im Innenraum beeindruckt die seitlich angebaute Rosenkranzkapelle mit dem vergoldeten Altaraufsatz.

Parc Munt de l'Angel

Von der Kirche Santa Eulàlia erreicht man durch den Carrer de l'Angel in wenigen Minuten den Parc Munt de l'Angel, in dem sich ein schöner Ausblick auf die umliegende Landschaft mit ihren kleinen Gemüsegärten eröffnet.

Sant Pere

Über die Plaça Nova im nördlichen Teil der Altstadt gelangt man zur Kirche Sant Pere mit ihrem hübschen Barockportal und dem schattigen ▷ S. 61

Im Jahre 2006 öffnete der Lloc de Menorca seine Pforten. Dieser zoologische Garten, in dem nicht nur heimische Tierarten, sondern auch exotische Vögel, Reptilien, Affen und sogar Kängurus zu Hause sind, bietet Groß und Klein einen unterhaltsamen Spaziergang durch ein liebevoll gestaltetes Freiluftgelände mit rund 500 Tieren.

Die Ententeiche 1

Nach dem Betreten der Anlage führt rechts ein Olivenholzgatter in das Feuchtgebiet. Wasser plätschert über Steinwände, Bäume spenden angenehmen Schatten und in den Teichen tummeln sich Wasservögel aus aller Welt, darunter die exotisch anmutende Mandarinente aus China und die Hottentot-tenente aus dem östlichen Teil Afrikas. Daneben schnattert die Chilepfeifente, Schneegänse rennen mit erhobenem Haupt durchs Gelände und der Höckerschwan zieht gemächlich seine Kreise.

Steine erzählen aus der Erdgeschichte 2

Auf der benachbarten Grünfläche wurden Araukarien, Zwergpalmen und Olivenbäume gepflanzt und große Steinensembles aus verschiedenen Inselteilen angeordnet. Sie bieten einen guten Überblick über die geologische Entwicklung Menorcas.

Der Streichelzoo 3

Die Menorca-Schafe und besonders die Zwergziegen sind daran gewöhnt, von den kleinen Besuchern gestreichelt zu werden. Eine Schautafel informiert über

59

die verschiedenen Haustierrassen der Balearen. Auf der anderen Seite des Weges liegt das Pfauengehege, dessen Vögel nicht selten ihre ganze Federpracht entfalten.

Das Museum [4]

Die Pilzsammlung der Brüder Joan und Miquel Carreras Torrent aus Ferreries ist die Hauptattraktion des kleinen Ausstellungssaales. Es handelt sich dabei um rund 500 Reproduktionen aus Ton, die naturgetreu bemalt und in ihr natürliches Habitat eingebettet sind. Kinder wird auch die Sammlung von verschiedenfarbigem Sand interessieren, der an den Stränden der Insel gesammelt und auf einer großen Landkarte an der entsprechenden Fundstelle platziert wurde.

Haustiere [5]

Neben den pechschwarzen mallorquinischen Schweinen grunzen ihre vietnamesischen Verwandten; im Stall und gegenüber leben die menorquinischen Kühe, die man an ihrer rotbraunen Farbe erkennt. Ganz in der Nähe traben auch Orenga, die schwarze menorquinische Stute, die Falabella-Pferde und die beiden Eselinnen Xisca und Reyes.

Exotische Tierwelt [6]

Unter den fremdländischen Bewohnern des Tierparks verdienen besonders der sympathische Nasenbär und das quicklebendige Totenkopfäffchen längere Aufmerksamkeit. Im benachbarten Reptilienhaus schlafen die Boa Constrictor, die Blauzungen-Echse und die Riesenschildkröte. Im Freigehege ruht das kleine Krokodil in der Sonne, vor dem Anfassen wird hier jedoch auf mehreren Schildern gewarnt. Viel Spaß haben Besucher mit der überaus aktiven Grünen Meerkatze, einer afrikanischen Affenart, die den Betrachter gerne mit lustigen Grimassen und Verrenkungen zum Lachen bringt.

Aus fernen Kontinenten [7]

Mehrere Kängurus und Emus sind in einem speziellen Freigehege untergebracht. Im entferntesten Teil der Anlage findet man südamerikanische Guanakos und australische Straußenvögel. In einem anderen Bereich grasen gefleckte Axishirsche.

Gefiederte Zeitgenossen [8]

Über das gesamte Gelände sind große Vogelkäfige verteilt, in denen Kolumbussittiche aus Südamerika und Rosenköpfchen aus Südafrika zwitschern. Auch verschiedene Papageienarten und Hühnerrassen gibt es zu bewundern. In einer großen **Voliere** fliegen mehr als 40 Vogelarten aus aller Welt.

Infos zu Lloc de Menorca

Landstraße Alaior–Maó (Einfahrt Biniac-L'Argentina), Tel. 971 37 24 03, www.llocdemenorca.com, Mai–Okt. Mo–So 10–20, Nov.–April Di–So 10 bis 18 Uhr, Erwachsene 9 €, Kinder 6 €.

Verschnaufpause

In unmittelbarer Nähe des Tierparks gibt es keine Einkehrmöglichkeiten. Deshalb ist das angeschlossene **Restaurant** [1] die beste Gelegenheit, eine Verschnaufpause einzulegen. Getränke und kleine Gerichte sorgen für das leibliche Wohl der Besucher. Als Attraktion können sich die Gäste ihren eigenen Zuckerrohrsaft pressen.

Die Boutique

Nette Mitbringsel aus der Tierwelt gibt es im gut sortierten **Laden des Zoos** [1].

Alles rund um den Käse – in der Käsefabrik in Alaior

Vorplatz. Von dort sind es nur wenige Minuten zur restaurierten Windmühle (Privatbesitz) und zu dem am Camí d'en Kane gelegenen Friedhof der Stadt.

Essen und Trinken

Mittagsmenü – **Can Jaumot**: Carrer Sant Joan Baptista 6 A, Tel. 971 37 82 94, Mo–Sa 12.30–15.30, 19–23 Uhr. Bei Einheimischen beliebtes Café-Restaurant in der Unterstadt neben den Schulgebäuden, gutes Tagesmenü (14 €).

Very british – **The Cobblers**: Costa d'en Macari 6, Tel. 971 37 14 00, Mo bis Sa 18.30–22.30 Uhr, 40 €. Ehemalige Schuhwerkstatt im Herzen der Altstadt mit hübschem Garten. Die englischen Besitzer servieren ausgefallene Gerichte aus dem Mittelmeerraum.

Einkaufen

Nachtmarkt – **Mercat de Nit**: Juli und August Mi 19–23 Uhr. Stände mit Kunsthandwerk im Carrer Major und Carrer des Forn.

Käsefabrik – **Coinga**: Carretera Nueva s/n (östlicher Stadtrand, im Industriegebiet), Tel. 971 37 12 27. Mit Verkaufsraum und Besichtigung (Di, Do 12 Uhr).

Solidaritätsladen – **S'altra Senalla**: Carrer Menor 21. Kunsthandwerk und Lebensmittel aus der Dritten Welt.

Lederwaren – **Centre Comercial Baleàrica**: Es Plans, Carretera Maó bis Ciutadella, km 14,8. Elegante Damen- und Herrenschuhe der Marke Pons Quintana sowie andere Lederwaren.

Infos und Termine

Bus: Carrer Sant Joan Baptista, 18 x tgl. nach Maó und Ciutadella.

Taxi: Taxistand an der Plaça des Ramal, Tel. 971 36 71 11.

Sant Llorenç: Patronatsfeiern um den 10. August, u. a. Umzug mit bunt geschmückten Kutschen. Außerdem findet ein Pferderennen zwischen Stadt und Friedhof statt.

Sommerkonzerte: Im Hochsommer finden auf der Plaça de la Constitució jeden Mittwoch um 20.30 Uhr Livekonzerte statt.

Feria agrícola: Landwirtschaftsmesse (erste Märzhälfte) mit landwirtschaftlichen Produkten, Kunsthandwerk und Haustieren. Jedes Jahr wird die schönste Kuh prämiert.

In der Umgebung ▶ G 5

Der Archäologische Park vom **Torralba d'en Salort** ist ein herrliches Terrain, um einen Eindruck vom Leben der Ureinwohner Menorcas zu bekommen (**direkt 6** ▶ S. 62).

Vor etwa 4000 Jahren richteten sich die ersten Bewohner Menorcas im wasserreichen Inselsüden ein. Dort findet man noch heute die meisten vorgeschichtlichen Siedlungsreste. Im archäologischen Park von Torralba d'en Salort kann man sich einen guten Überblick über Baukunst und Lebensweise der Ureinwohner verschaffen.

Mysteriöse Steinmonumente

Nirgendwo in Spanien gibt es auf einem so kleinen Territorium eine derart große Zahl an verschiedenartigen zyklopischen Steinbauten zu bewundern. Mehr als 1000 Siedlungsreste der ersten Bewohner sind über die Insel verteilt. In üppig bewachsenen Schluchten und an unzugänglichen Steilküsten findet man versteckte Wohn- oder Begräbnishöhlen, im Gestrüpp von wilden Olivenbäumen und stacheligen Brombeerbüschen verbergen sich mächtige Türme oder mysteriöse Steintische. Die ältesten Konstruktionen gehen bis auf ca. 2000 v. Chr. zurück. Bis zum Eintreffen der Römer (123 v. Chr.) haben die ersten Siedler fast zwei Jahrtausende auf der Insel gelebt und gebaut. Aber woher kamen die Menschen, die der Insel Menorca ein derart reiches Kulturerbe hinterließen?

Diese Frage führt bei Wissenschaftlern immer wieder zu erbitterten Kontroversen. Ebenso strittig ist die Frage, wie diese Siedler überhaupt in der Lage gewesen waren, die kolossalen Blöcke aus prähistorischen Steinbrüchen zu transportieren und dann zu monumentalen Konstruktionen zusammenzufügen.

Torralba d'en Salort

Südlich von Alaior befindet sich die archäologische Stätte von **Torralba d'en Salort**, die durch einen Übersichtsplan am Parkplatz und die vor jedem Monument aufgestellten Tafeln so gut organisiert ist, dass Besucher auch ohne Führung zu einem ca. 45 Minuten dauernden Ausflug in die menorquinische Vorgeschichte aufbrechen können.

Der Talaiot 1

Beim Betreten der Anlage erblickt man rechts den ersten Talaiot, der auf einer Anhöhe erbaut ist. Diese Türme sind zweifellos die wichtigsten und am meisten vorkommenden Konstruktionen der menorquinischen und mallorquinischen Vorgeschichte. Deshalb sprechen Wissenschaftler auch von der Talaiotkultur. Beim Talaiot handelt es sich um eine runde, kegelstumpfförmige Konstruktion, mit einem Durchmesser von bis zu 20 m. Ganz offensichtlich kam ihm eine Wach- oder Verteidigungsfunktion zu, denn von seiner Spitze ließen sich weite Teile der Umgebung kontrollieren. Diese Türme stehen oft am Rande der jeweiligen Siedlung und sind nicht selten Teil der Stadtmauer.

Die Taula 2

Kehrt man dem Talaiot den Rücken, gelangt man zur zweifellos besterhaltenen Taula der Insel. Magische Kräfte sollen von diesem Koloss ausgehen, der von einem Steinkreis mit hoch aufragenden Menhiren umgeben ist. Ob es sich bei dieser Konstruktion um einen Opfertisch oder eine Sternwarte gehandelt hat oder ob ihm eine ganz andere Bedeutung zukam, darüber sind sich die Wissenschaftler bis heute nicht einig.

Zu Füßen der Taula von Torralba fand eine Forschergruppe unter der Leitung des amerikanischen Archäologen Dr. William Waldren und des Professors Manuel Fernández-Miranda aus der Universität von Madrid bei ihren Freilegungsarbeiten zahlreiche Tierknochen, Aschereste und zerbrochene Weinamphoren, was auf eine Verwendung als Kult- und Opferstätte hinweist. Außerdem entdeckten sie die Hufe eines aus Bronze gegossenen Pferdes, zwei Terrakotta-Figuren der punischen Göttin Tanit und einen gut erhaltenen Bronzestier, den man heute im Museu de Menorca in Maó bestaunen kann.

Das prätalaiotische Haus 3

Gleich neben dem Taulakreis kann man die Reste eines weiteren Talaiots, der auf einem prätalaiotischen Haus mit ovalem Grundriss ruht, erkennen. In diesem Ensemble fand man Keramikreste und Getreidekörner, deren C14-Analyse auf eine Benutzung gegen Ende des 14. Jh. v. Chr. schließen lässt.

Die Silos 4

Weiter westlich verbergen sich unter wilden Olivenbäumen Wasserauffangbecken und prähistorische Silos, die als Lagerstätte oder Zisterne gedient haben könnten. Diese traubenförmigen Aushöhlungen sind in allen vorgeschichtlichen Siedlungen zu finden.

Wohnhaus 5 und Steinbruch 6

Im weiter entfernten Teil des Geländes stößt der Besucher auf die Ruinen eines ehemaligen Bauernhauses aus dem 17. Jh. mit Kapelle sowie auf einen Steinbruch zum Abbau von Kalksteinblöcken.

Die Taula von Torralba, eines der besterhaltenen vorgeschichtlichen Monumente Menocas

Begräbnishöhlen 7

Neben dem Steinbruch kann man eine Begräbnishöhle mit vier Nischen durchqueren und einen Blick in die benachbarte langgestreckte Grabkammer (Hypogäum) werfen, die unterirdisch aus dem Felsen gearbeitet wurde. Stallungen, ein Ziehbrunnen und ein **Getreidedreschplatz** 8 erinnern an die ehemalige landwirtschaftliche Nutzung des Geländes.

Zyklopische Mauer 9

Große Steinplatten markieren die Reste der ehemaligen Wehr- oder Stadtmauer, von der nur noch ein kleiner Teil erhalten ist. In anderen Dörfern erreichen diese Mauern eine Breite von bis zu 4 m.

Der Säulengang 10

Der unterirdische Säulengang, 1973 von Professor Fernández-Miranda und Dr. Waldren freigelegt, besteht aus einem Tumulus aus Erdreich und kleinen Steinen, einem Korridor und einer Kammer, die von neun sogenannten mediterranen Säulen gestützt wird und von flachen Steinplatten bedeckt ist. Sie diente vermutlich als Vorratskammer bzw. Depot für Wasser- oder Weinamphoren.

Infos

Torralba d'en Salort: Carretera de Alaior a Cala en Porter, Tel. 696 21 76 64, Nov.–März Mo–Fr 10–14, April, Mai, Okt. Mo–Sa 10–18, Juni–Sept. 10–20 Uhr, 3,50 €. Ein Kiosk versorgt Besucher mit Erfrischungen, Postkarten und einer Informationsbroschüre.

Noch mehr Archäologie

Ebenfalls südlich von Alaior liegt die weitläufige Siedlung von **Torre d'en Galmés** (▶ F 6) mit drei Talaiots, mehreren Rundhäusern, einem Taulakreis mit heruntergefallenem Deckstein, der von den Römern vermutlich als Sarkophag benutzt wurde und vor dem man eine Statuette von Imhotep, dem ägyptischen Gott der Medizin, fand. Im Südteil der Siedlung befindet sich ein ausgedehntes Regenwasserauffangsystem und der schönste unterirdische Säulengang (*sala hipóstila*) der Insel.

Son Bou ▶ F 6

Mit 3 km ist die Platja de Son Bou der längste Strand Menorcas. Er bietet Strandläufern genügend Strecke, Sonnenanbetern verschwiegene Sandplätze vor niedrigen Dünen und Vogelbeobachtern ein schilfbestandenes Moorgebiet, das hinter dem Strand die zweitgrößte Feuchtzone der Insel bildet. Wanderer können durch ein Kiefernwäldchen bis zum Strand von Sant Tomàs laufen. Am östlichen Strandabschnitt erheben sich die beiden Großhotels Milanos-Pinguïnos, dahinter liegen die Reste einer antiken Basilika und in den Felswänden entdeckt man zahlreiche Wohnhöhlen. Einkaufs- und Einkehrmöglichkeiten bieten die beiden Shoppingzonen. Oberhalb der Feuchtzone schließen sich die Feriensiedlungen Sant Jaume del Mediterrani und Torre Solí mit weitläufigen, von hübschen Gärten umgebenen Bungalowanlagen und am Hang gestaffelten Privatvillen an. Vom oberen Ortsteil genießt man einen herrlichen Ausblick auf den gesamten Küstenstrich.

Basilica de Son Bou

1951 wurden die Reste der frühchristlichen Basilica de Son Bou (5.–6. Jh.) entdeckt. Wie alle frühchristlichen Gotteshäuser Menorcas liegt sie in Meeresnähe. Bei den Ausgrabungen wurden weder Altarreste noch Mosaiksteine gefunden, aber die Grundmauern sind so gut erhalten, dass man noch genau den Grundriss mit drei Schiffen, Narthex und Sanktuarium sowie das aus einem Stein gehauene Taufbecken betrachten kann.

Übernachten

Strandhotel – **Sol Elite Milanos-Pinguïnos**: Platja de Son Bou, Tel. 971 37 12 00, www.solmelia.com, DZ 60–190 €. Hotelkomplex mit internationalem Publikum direkt am Strand, großer Pool und vielseitiges Sport- und Animations-

programm für alle Altersklassen. Von den oberen Stockwerken herrlicher Ausblick über die Küstenlandschaft.

Mit Spa – **Hotel Jardín de Menorca**: Urbanizació Torre Solí Nou, Tel. 971 37 80 40, DZ ab 90 €. Luxuriöses Apartmenthotel mit Hallenbad, Sauna, Wellness, Fitnesscenter, Squash, Gartenanlagen. Zubringerbus zum Strand.

Ruhige Lage – **San Valentín**: Urbanizació Torre Solí Nou, Tel. 971 37 26 02, www.valentinhotels.com, DZ ab 125 €. Gepflegte Hotel- und Apartmentanlage in ruhiger Lage im oberen Teil der Siedlung, Bus zum Strand, Tennis, Fitnesscenter, Hallenbad.

Zeltplatz – **Camping Son Bou**: Carretera Sant Jaume, km 3,5, Tel. 971 37 27 27, www.campingsonbou.com, Mai bis Ende Sept. pro Zelt und Pers. um 8, Auto ca. 5 €. Im Landesinneren gelegener, schattiger Campingplatz der Kategorie 1, weitläufige Wald- und Grünflächen. Pool, Fahrradverleih, Restaurant, Supermarkt, Wäscherei, blitzsaubere Sanitäranlagen. Vermietung von Zeltbungalows und Holzhäuschen.

Essen und Trinken

Für jeden Geldbeutel – **Casa Andrès**: Centre Comercial Son Bou, Tel 971 37 19 16, tgl. 13–15.30, 19–23 Uhr, 20 €. Von leichten Vorspeisen bis zu üppigen Fischplatten.

Vom Holzkohlegrill – **Es Forn**: Torre Solí Nou, Tel. 971 37 28 98, Mi–Mo 18 bis 23 Uhr, 30–40 €. Weiß gekalktes Landgut, Tische unter der blumenumrankten Pergola. Alle Fleischgerichte werden nach Kilopreis in Rechnung gestellt.

Ausgehen

Cocktailbar – **Bou Hai**: Centre Comercial Son Bou, tgl. 12–4 Uhr. Unter dem schilfgedeckten Vordach lässt man sich im bequemen Korbsessel exotische Cocktails servieren.

Diskothek – **Copacabana Disco Bar**:
Centre Comercial Son Bou, tgl. 20–4
Uhr. Heiße Disco-Musik, große Terrasse
– ideal für lange Sommernächte mit
Blick auf den Sternenhimmel.

Sport und Aktivitäten
Zum Strampeln – **Tretbootverleih**:
Befindet sich vor dem Hotel Milanos-
Pingüinos.
Tauchen – **Son Bou Scuba Menor-
ca**: Centro Comercial San Jaime, Tel.
696 62 82 65, www.sonbouscuba.com.
Erforschung von herrlichen Unterwas-
serhöhlen, PADI-Kurse unter deutscher
Leitung.
Wasservergnügungspark – **Club San
Jaime**: Urbanació Sant Jaume, Tel.
971 37 27 87. Großer Pool, Aquapark
mit Rutschen, Restaurant, Liegen und
Sonnenschirmen.
Bowling – **Bou Bowl**: Parcela 3 HC,
Centre Comercial Son Bou, Tel. 699 01
77 46. Freizeitzentrum mit 16 Bowling-
bahnen, Billardtischen und Spielautomaten.

Es Migjorn Gran ▶ E 5

Die auf einem Kalksteinplateau gelegene Ortschaft (ca. 1400 Einw.) ist von
Hügeln, Schluchten und kleinen Gemüsegärten umgeben. Die kleinste Gemeinde der Insel hat viel von ihrem beschaulichen Leben und ihrer bäuerlichen Prägung bewahrt. Im Ortszentrum
locken stille Gassen, die Pfarrkirche und
empfehlenswerte Restaurants. Die Umgebung bietet zahlreiche Spazier- und
Wanderwege.

Església de Sant Cristofòl
Die Pfarrkirche wurde in der zweiten
Hälfte des 18. Jh. gebaut und dem
hl. Christophorus geweiht. Seine Figur
schmückt sowohl das schlichte Portal

als auch den Kirchenraum in Form einer
fast 2 m hohen Lindenholzfigur.

Essen und Trinken
Gestylt – **Migjorn**: Carretera Migjorn
bis Mercadal 1, Tel. 971 37 02 12, Do
bis Di 13–15.30, 19–23.30 Uhr, 40 €.
Bei Pilar werden exquisite Köstlich-
keiten in stilvoll gestalteten Speisesälen
oder im winzigen Garten unter der
dicken Dattelpalme serviert.
Urig – **58 S'Engolidor**: Major 3, Tel.
971 37 01 93, Di–So 19–23 Uhr, 30 €.
Gemütliches Lokal mit romantischem Garten über der Schlucht, menorquinische
Gerichte. Unbedingt reservieren! Im Obergeschoss gibt es vier Fremdenzimmer.

Einkaufen
Kunsthandwerksmarkt – **Dimarts as
Migjorn**: Juli bis Anfang Sept. jeden Di
ab 19.30 Uhr.

Infos
Bus: 4–6 x tgl. nach Maó und Ciutadella, 6–12 x tgl. nach Sant Tomàs.

In der Umgebung ▶ E 5
Nahe dem Friedhof liegt die archäolo-
gische Fundstelle **Talaiot de Binico-
drell** dessen Besonderheit die auf die
Spitze führende Rampe ist.
  Aufgrund ihrer Größe wird die in
der Schlucht von Binigaus gelegene
Höhle **Cova d'en Colom** (hinter dem
Friedhof, ca. 30 Min. Wanderweg) die
›Kathedrale‹ genannt.

Sant Tomàs ▶ E 5

Die ruhige, im Gemeindegebiet von Es
Migjorn Gran gelegene Feriensiedlung
erstreckt sich am Rande eines geraden
Sandstrandes. Die meisten Hotels und
Apartmentanlagen sind direkt am
Meer gelegen. In der Umgebung finden

Beschaulich ursprünglich gibt sich das Dorf Es Migjorn

Spaziergänger zahlreiche Wandermöglichkeiten durch Wälder und Schluchten und Strandhungrige kommen an den einsamen Badeplätzen von Binigaus und Atàlitx auf ihre Kosten.

Übernachten

Ferienwohnungen – **Mestral & Llebeig**: Platja de Sant Tomàs H 9, Tel. 971 37 03 70, www.sethotels.com, Apartments je nach Größe und Monat 50 bis 230 €. Der von Grünanlagen umgebene Apartment- und Bungalowkomplex punktet mit großzügig zugeschnittenen Wohnräumen.
Wellness und Strand – **Hotel Santo Tomàs**: Tel. 971 37 00 25, Fax 971 37 02 04, www.sethotels.com, DZ 90 bis 240 €. 4-Sterne-Strandhotel mit Wellness und Beautyfarm (Pool, Sauna, türkisches Dampfbad, Whirlpool, Fitnessraum).

Essen und Trinken

Über dem Strand – **Es Bruc**: Tel. 971 37 04 88, tgl. 10–23 Uhr, ab 12 €. Strandlokal am Ortseingang. Die Küche bringt keine Glanzleistungen, aber allein der Platz mit seinem herrlichen Meerblick ist den Besuch wert.

Infos

Bus: 2–3 x tgl. nach Maó und Ciutadella, 4 x tgl. nach Es Migjorn Gran.
Taxi: Tel. 971 36 71 11.

Es Mercadal ► F 4

Am Fuße des höchsten Berges liegt diese im 14. Jh. gegründete Ortschaft, die sich rund um die Pfarrkirche Sant Martí gruppiert. Es Mercadal (ca. 4300 Einw.) ist noch heute eine bäuerliche Gemeinde, deren Einwohner recht zahlreich in der Landwirtschaft tätig sind. Das Ortsbild ist von weiß gekalkten ein- bis zweistöckigen Häusern mit grünen Türen und Fensterläden geprägt. Zahlreiche Restaurants, kleine Boutiquen und viel dörfliche Atmosphäre machen einen Besuch lohnenswert. Als Wahrzeichen des Ortes gilt die alte Getreidemühle, in der heute ein rustikales Speiselokal eingerichtet wurde.

Es Mercadal gilt als Hochburg kulinarischer Genüsse, die Ortschaft wird auch gern als das **gastronomische Zentrum** der Insel bezeichnet (**direkt 7** ► S. 68).

7 | Süßes und Deftiges – Schlemmen in Es Mercadal

Karte: ▶ F 4 | **Cityplan:** S. 70

Es Mercadal ist ein kulinarisches Schlaraffenland: In verschiedenen Lokalen kommen knusprige Spanferkel, butterweiche Lammbraten, deftige Kohlsuppen und im Ofen gebackene Gemüsegerichte auf den Tisch. Aber auch Mandelplätzchen und salzige Backwaren kann man vielerorts probieren.

Wer morgens schon mit einer menorquinischen Spezialität starten will, der kann als zweites Frühstück die *Coques* probieren, das sind dünne Hefeteigplatten, die mit Paprikastreifen, *Sofrit* (Tomaten und Zwiebeln), Spinat oder gar mit *Sobrasada* (Paprikawurst) oder Sardinen belegt sind. Am besten aus der Bäckerei **Forn de Sa Plaça** 1, denn dort gibt es eine große Auswahl an süßen und salzigen Kleinigkeiten. Dabei ist bereits das Schaufenster ein Augenschmaus und der Duft, der aus der Backstube zieht, betört alle Sinne.

Aus dem Gemüsegarten

Obwohl die Insel vom Meer umschlossen ist, haben viele menorquinische Gerichte ihren Ursprung im Gemüsegarten. Dort gedeihen Auberginen, Zucchini, Karotten, Kürbisse, Kartoffeln, Paprika und Wirsingkohl. Im Ofen gebackene und mit Krabben gefüllte Auberginen sind eine Spezialität der menorquinischen Hausfrauen. Auch große Zwiebeln, Zucchini und Champignons werden gerne mit Fisch, Fleisch oder Gemüse gefüllt und im Ofen gegart. Typisch für die bäuerliche Kost sind auch die *Sopes*, Gemüsesuppen mit hauchdünnen gerösteten Brotscheiben, die in dickbauchigen *Olles* (Tontöpfen) gerührt und serviert werden. *Oliaigo* heißt die menorquinische Suppe, die Grundbestandteile: reife Tomaten, Zwiebeln, Knoblauch und grüne Paprika

Üppig oder leicht?

Für Speisegäste mit größerem Hunger brutzeln im Ofen knusprige Spanferkel oder saftige Lammbraten. Weitere Lieblingsgerichte der Menorquiner sind Schweinerücken mit Kohl, Rindersteak mit Mahón-Käsesauce, Zunge mit Kapern oder Kaninchen mit Zwiebeln oder Mandelsauce. Gemüse- und Fleischgerichte probiert man am besten in der alten Getreidemühle **Es Molí des Racó** 2 oder im **Can Aguedet** 3. Hackfleischbällchen mit Tomaten- oder Mandelsauce oder Rindfleisch mit rotem Paprika gibt es auch als Tapa in jeder Bar.

Einen Kontrast zu der eher deftigen Inselküche bilden die leichten Kreationen, die man im gestylten **Restaurant Tast** 4 oder im lauschigen **Can Olga** 5 probieren kann. Dort experimentieren die Küchenchefs mit neuen, weniger opulenten Rezepten der mediterranen Küche, wobei sie manchmal die Tradition bewahren, oft aber auch recht ungewöhnliche Wege beschreiten.

Die süße Versuchung

Für Leckermäuler ist die Konditorei **Cas Sucrer** 6 die richtige Adresse. Seit 1884 werden in dieser kleinen Zuckerbäckerei am Hauptplatz *Amargos* und

Übrigens: Messen zum Thema finden auch statt. Bei der **Mostra Gastronòmica de Es Mercadal** (Ende April, im Messegelände der Ortschaft) werden an mehr als zehn Ständen Spezialitäten angeboten, gegessen wird an langen Tischen in geselliger Runde. An den **Jornadas Gastronòmicas de Menorca** (Mitte Juni und Anfang Oktober, in Es Mercadal und anderen Gemeinden der Insel) offerieren die teilnehmenden Restaurants ein speziell zusammengestelltes Menü. Mit Showkochen und Verkauf von Kulinaria.

Carquinyols auf großen Backblechen in den Ofen geschoben. Diese Mandelplätzchen sind inzwischen über die Grenzen der Insel hinaus bekannt. Aber hinter der Theke warten noch viele andere verführerische Mehlspeisen wie *Tatis* (Carquinyols mit Schokolade), *Braços de gitano* (Cremerollen), gefüllte *Ensaïmades* (Hefeteigschnecken) oder Nougatspezialitäten wie *Turró cremat* oder *Turró de la Reina*.

Konditoreien und Restaurants
Forn de Sa Plaça: Carrer Major 1, wo es eine große Auswahl an süßen und salzigen Spezialitäten gibt.
Cas Sucrer: Plaça Constitució 11, ist die Wiege der menorquinischen Mandelplätzchen.
Molí des Recó: in der Windmühle an der Inselhauptstraße, Tel. 971 37 53 92, tgl. 12.30–15.30, 18.30–23.30 Uhr, um 25 €. Deftige Hausmannskost, viele Gemüse- und Fleischgerichte, Suppen und kräftiger Kohleintopf.
Can Aguedet: Lepant 23, Tel. 971 37 53 91, tgl. 13–15.30, 20–23.30 Uhr, um 30 €. Familienbetrieb mit eigener Schweinezucht und Weinberg. Traditio-

nelle Menorca-Küche und viele Gerichte aus dem hausinternen Rezeptbuch.
Can Olga: Pont Na Macarrana, Carrer des Sol, Tel. 971 37 54 59, Hochsommer tgl. 19–23.30 Uhr, Nebensaison wechselnde Ruhetage, um 45 €. Unter einem Torbogen verstecktes Lokal mit kleinen, weiß gekalkten Speisesälen und idyllischem Garten. Einfallsreiche Mittelmeerküche, stilvoll präsentiert. Immer im Angebot: sautierte kleine Saubohnen und glasierte Pilze mit Riesenkrabben.
Restaurant Tast: Plaça de Pere Camps 21, Tel. 971 37 55 87, um 25 €. Mittagsmenü, Käseplatten, leichte Gerichte oder kleine Tapes in gestyltem Ambiente.

Sant Martí 1

nur zu den Gottesdiensten geöffnet (So 9.30, tgl. 20.30 Uhr)
Die blendend weiße Pfarrkirche mit dem blumengeschmückten Vorplatz steht auf dem Kirchhügel Sa Muntaneta. Ihre Ursprünge gehen auf die vormals an dieser Stelle gebaute Kapelle San Narciso zurück.

Aljub 2

Die öffentliche Zisterne wurde 1733 von dem britischen Gouverneurs Richard Kane gebaut. Sie sollte die Wasserversorgung der Bewohner von Es Mercadal und der englischen Truppen auf halbem Weg zwischen Maó und Ciutadella sicherstellen. Der Wasserspeicher mit seiner großen Terrasse hat ein beachtliches Fassungsvermögen von 273 500 l.

Übernachten

Freundlich – **Hostal Jeni** 1: Mirada del Toro 81, Tel. 971 37 51 24, www. hostaljeni.com, DZ ab 60 €. Am Fuße des Monte Toro gelegenes Hotel mit familiärer Atmosphäre. 36 modernisierte Zimmer, Pool, Restaurant. Auch Apartmentvermittlung.

Intim – **Hotel Es Mercadal** 2: Carrer Nou 49, Tel. 971 15 44 39, www.hotelesmercadal.com, DZ ab 75 €. Das im Ortszentrum gelegene Stadthaus wurde 2007 zu einem kleinen Hotel mit vier Zimmern, zwei Suiten und Gartenterrasse umgestaltet.

Einkaufen

Wer sich für menorquinisches **Kunsthandwerk** interessiert, wird in Es Mercadal auf jeden Fall fündig.
direkt 8 ▶ 1 – 4 S. 72

Es Mercadal

Geschenke – **Encants** 5: Carrer Major 11. Kleiner Laden mit hübschen Geschenkartikeln.

Romantische Kleider – **Madona** 6: Carrer d'Enmig 30. Bertas Boutique mit romantischen Kleidern und weißen Blusen ist in einem ehemaligen Kuhstall untergebracht.

Ausgehen

Trendy – **Es Gurugú** 1: Plaça del Pare Camps 13, tgl. 18–4 Uhr. Postmodern eingerichtete Bar mit großer Terrasse; Treffpunkt in lauen Sommernächten.

Infos und Termine

Bus: Avinguda del Mestre Garí, 6–18 x tgl. nach Maó und Ciutadella, 2 x tgl. nach Fornells.

Feria del Caballo de Raza Menorquina: Pferdemesse mit menorquinischen Vollblütern am 1. Maiwochenende.

Sant Martí: Patronatsfeiern am 3. Wochenende im Juli.

In der Umgebung

Monte Toro (▶ F 4): Als hätte ein Riese einen großen Felsbrocken verloren, erhebt sich der Monte Toro, Menorcas höchster Berg, im Zentrum der von sanft gewellten Hügeln geprägten Insel. Gut 3 km sind es auf der einzigen Serpentinenstraße von Es Mercadal bis auf 357 m Höhe. Dort umschließt das schneeweiß getünchte und liebevoll gepflegte ehe-

malige Augustinerkloster die Marienkapelle, in der eine dunkelhäutige Madonna verehrt wird. Die Verge del Toro (›Jungfrau des Stiers‹) ist Menorcas Schutzheilige und heißt so, weil ein Stier die Heiligenfigur gehütet und Mönchen das Versteck gezeigt haben soll. Von den Aussichtsterrassen hat man einen wunderbaren Blick über die ganze Insel. An klaren Tagen tauchen am Horizont die Berge der Nachbarinsel Mallorca auf.

Essen und Trinken

Bäuerlich – **Sa Posada del Toro**: Tel. 971 37 51 74, tgl. 12.30–16 Uhr. Miguel Angel wirbelt hinter Kochtöpfen, Bep und Toni zeigen an der Kaffeemaschine ihr Können; ausgezeichnetes Mittagsmenü (um 15 €), das sich auch die Menorquiner gern schmecken lassen.

Termine

Festes de Sant Nicolau: Kirchweih mit Reiterprozession um den 10. Sept.

Fornells ▶ G 2

Die malerische Fischersiedlung (ca. 800 Einw.), die im 17. Jh. im Schatten der Festung von Sant Antoni entstand, lockt mit guten Fischrestaurants, weiß gekalkten Wohnhäusern, einem von Palmen umstandenen Hafenbecken und der großen Bucht, die ein Paradies ▷ S. 74

8 | Schönes mit Tradition – Kunsthandwerk in Es Mercadal

Karte: ▶ F 4

Menorquinisches Kunsthandwerk blühte bisher im Verborgenen, präsentiert sich aber seit wenigen Jahren im neuen Kunsthandwerkszentrum in der Ortschaft Es Mercadal, in dem Besucher viel über das Schaffen der Kunsthandwerker und die traditionellen Handwerksberufe der Insel erfahren können.

Das Zentrum

Das Kunsthandwerkszentrum von Menorca wurde Ende 2005 eröffnet und ist in einem hundertjährigen Gebäudetrakt der alten Militärkasernen von Es Mercadal untergebracht. Ziel des Zentrums ist es, zum Erhalt der traditionellen Handwerkskunst beizutragen, die Interessen der ortsansässigen Kunsthandwerker zu vertreten und für die Qualität der handgefertigten Produkte Menorcas zu bürgen.

Gleichzeitig dient das Zentrum jungen Künstlern, die innovative Produkte anbieten, als Plattform. Jedes Jahr wird ein Kunsthandwerkspreis ausgeschrieben, bei dem die besten Kunstwerke prämiert und die ausgewählten Stücke in den Räumen des Zentrums ausgestellt werden. In einer **permanenten Ausstellung** sollen ab 2011 alle traditionellen Handwerksberufe Menorcas vorgestellt werden. Bisher dienen verschiedene **Sonderausstellungen** dazu, besondere Aspekte des alten Kunsthandwerks zu präsentieren.

Der Kunsthandwerksladen

La Botiga, die Boutique des Zentrums, bietet Schmuck, Keramik, Lederwaren, Spielzeug, handgeschöpftes Papier und viele andere schöne Geschenkideen. Sie ist der beste Ort, um sich einen Überblick über die Kreativität der menorquinischen Kunsthandwerker zu verschaffen. Zu den ausgestellten Produkten gehören Schmuckstücke von Santi Capó, Maria Juanico und Núria Deyà. Die Keramiken stammen von Magda Cardona, Antonio Vico sowie aus der Werkstatt Es Fangueti. Schuhe, Sandalen und Lederwaren wurden von Francisco Javier Nagore, Joan Doblas und Lin Marquès gefertigt.

Darüber hinaus werden Schreiner- und Schmiedeeisenarbeiten, Holzspielzeug, Lampenschirme aus Papier und Kerzenständer aus ökologisch angebauten Kürbissen ausgestellt und zum Verkauf angeboten. Jedes Stück ist ein einzigartiges Kunstwerk, das auf Menorca geschaffen und mit dem Gütesiegel für authentisches Kunsthandwerk ausgezeichnet wurde.

Bibliothek, Videoraum und Garten

In der Bibliothek kann man zahlreiche Publikationen über Kunsthandwerk konsultieren und im Videoraum werden Dokumentarfilme gezeigt. Workshops und Vorführungen gehören ebenfalls zu den Aktivitäten des Kunsthandwerkszentrums.

Vor dem Gebäude werden in einem Garten mit inseleigener Flora landwirtschaftliche Gerätschaften, eine Barraca (ein traditioneller aus Feldsteinen zusammengesetzter Viehstall) und eine Barrera (ein Gattertor aus Olivenholz) gezeigt. Diese Gatter werden nur noch in wenigen Schreinereien der Insel, darunter in Es Mercadal, Ferreries und Ciutadella gefertigt.

Öffnungszeiten
Centre Artesanal de Menorca 1 : Recinte Firal des Mercadal, Carrer Metge Camps, Tel. 971 15 44 36, www.artesaniademenorca.com, Mai–Okt. Mo–Fr 10–14, 17–20, Sa 10–13.30, Nov. bis April Mo–Fr 10–14, Sa 10–13.30 Uhr.

Auch empfehlenswert in Es Mercadal
Biel Mercadal 2 : über die Grenzen der Insel hinaus bekannter Designer, dessen lustige und farbenfrohe Kreationen man in einer Boutique im Ortszentrum von Es Mercadal findet. Carrer d'Enmig 2 und 12.
Miguel Gomila Salom 3 : Camí de Tramontana 25. Schreinerei, in der nach alter Tradition Feld- und Handwerksgeräte, aber vor allem Gattertore aus Olivenholz gefertigt werden.

Außerhalb
ArtSpai: Carrer Major 57, **Fornells** (▶ G 2), www.artspai.es. Kunsthand-

werksladen mit großer Auswahl an schönen Gegenständen, die von Künstlern der Insel gefertigt wurden.

Kunsthandwerksmärkte auf Menorca
Die Kunsthandwerksmärkte auf Menorca finden abends im Juli und Aug. statt:
Es Mercadal: jeden Do 19–22 Uhr Kunsthandwerks- und Lebensmittelmarkt auf der **Plaça Pare Camps** 4 mit Folkloremusik.
Es Migjorn Gran (▶ E 5): Di 19.30–23.30 Uhr im Ortszentrum.
Alaior (▶ G 5): Mi 19–23 Uhr im Ortszentrum.
Es Castell (▶ J 6): tgl. 20–24 Uhr, an der Hafentreppe von Cales Fonts.
Ferreries (▶ E 4): Das ganze Jahr über lohnt ein Besuch auf dem am Sa. stattfindenden Markt für Kulinarisches und Kunsthandwerk auf der Plaça Espanya . Am gleichen Ort wird auch jedes Jahr Anfang Oktober eine große Kunsthandwerksmesse veranstaltet.

für Wassersportler ist. Die Einheimischen gehen von April bis Ende August mit ihren traditionellen Llaüts auf Langustenfang und bringen jedes Jahr mehr als 3500 kg der heiß begehrten Schalentiere an Land. Im Hochsommer sind die zahlreichen Fischlokale immer gut besucht und die Bevölkerungszahl verzehnfacht sich, wenn viele Festlandspanier in Fornells ihr Ferienhäuschen beziehen.

Torre de Fornells [1]

direkt 9 | ▶ S. 76

Esglèsia de Sant Antoni [2]

Die kleine Pfarrkirche aus dem Jahr 1790 ist dem hl. Antonius geweiht, der als Schutzheiliger der Tiere als steinerne Figur mit seinem Schwein oberhalb des Portals steht. Im Kirchenraum findet man eine Muttergottes und ein Bildnis des Schutzpatrons. Die rechte Seitenkapelle ist mit Malereien des katalanischen Malers Josep Serra Llimona ausgeschmückt.

Castell de Sant Antoni [3]

Von der ehemaligen Festung, die zwischen 1671 und 1782 die Hafeneinfahrt von Fornells schützte, sind nur noch Ruinen erhalten; sie wurde 1782 auf Geheiß Carlos' III. geschleift. Nach Abschluss einer ersten Restaurierungsphase finden in den Festungsanlagen sporadisch Konzertabende statt.

Ermita de Lourdes [4]

Hoch über dem Meer wird in einer Felsgrotte die weiße Heiligenfigur der Jungfrau von Lourdes verehrt.

Übernachten

Familiär – **La Palma** [1]: Plaça s'Algaret 3, Tel. 971 37 66 34, www.hostalla palma.com, DZ ab 50 €. Hostal mit Garten und Pool. Im hauseigenen Café treffen sich auch die Einheimischen gerne.

Am Meer – **Can Digus** [2]: Carrer dels Vivers, Tel. 971 37 34 67, www.candi gus.com. Kleine Hotelanlage mit Pool und Restaurant sowie Apartments mit Garten. Liegt direkt am Meer (DZ ab 55 €).

Essen und Trinken

Es Cranc [1]: s. S. 78
Can Miguel [2]: s. S. 78
Hübsch – **Es Port** [3]: Gumersindo Riera 5 (Passeig Marítim), Tel. 971 37 64 03, tgl. 12.30–15.30, 19–23 Uhr. Bunte Keramikteller schmücken die Wände des Speisesaals, in dem Langusten-Caldereta oder Meeresfrüchte-Reistopf (*Arròs caldòs*) für 17 € serviert werden.
Berühmt – **Es Pla** [4]: Passatge Es Pla, Tel. 971 37 66 65, tgl. 12.30–16, 19–23 Uhr. Direkt am Meer pflegt der spanische König Juan Carlos seine Langustensuppe zu löffeln. Die Preise sind entsprechend königlich, es sei denn, man bestellt das kleine Mittagsmenü für 15 €.

Einkaufen

Schmuck – **Aracy** [1]: Major 43–45. Kleine Boutique mit traumhaft schönem Silberschmuck.
Schuhe – **Looky** [2]: Gumersindo Riera 22. Lederwaren in bester Qualität.
Sommerkleidung – **Na Polida** [3]: Major 31. Fröhliche T-Shirts, Kleider und Strandtaschen.

Ausgehen

Lustig – **Sa Taula** [1]: Major 2. Uriges Lokal in einem Gebäude, das an eine Taula erinnert und ehemals einer Künstlergruppe gehörte. Drinks und Ausstellungen. Schöne Dachterrasse.

Sport und Aktivitäten

Weil größere Sandstreifen fehlen, ist Fornells für den reinen Badeurlaub nicht geeignet.
Katayak [1]: s. S. 78

Fornells

Sehenswert
1 Torre de Fornells
2 Esglèsia de Sant Antoni
3 Castell de Sant Antoni
4 Ermita de Lourdes

Übernachten
1 La Palma
2 Can Digus

Essen und Trinken
1 Es Cranc
2 Can Miguel
3 Es Port
4 Es Pla

Einkaufen
1 Aracy
2 Looky
3 Na Polida

Ausgehen
1 Sa Taula

Sport und Aktivitäten
1 Katayak
2 Diving Center Fornells
3 Windsurf Fornells

Tauchen – **Diving Center Fornells** 2 : Passeig Marítim 44 B, Tel./Fax 971 37 64 31, www.divingfornells.com. PADI-Kurse und tägliche Ausfahrten zum Meeresreservat rund um das Cap de Cavalleria.

Segeln und Surfen – **Windsurf Fornells** 3 : Am Ortseingang, Büro: Carrer Nou 33, Tel. 971 18 81 50, mobil 659 57 77 60, www.windfornells.com. Windsurf- und Segelschule. Mehrtägige Surf- und Segelkurse, Verleih von Booten und Surfbrettern.

Infos und Termine
Oficina de Turismo: im **Torre de Fornells** 1 , Tel. 639 49 27 05.
Bus: 1–3 x tgl. nach Maó, Son Parc, Cala Tirant, Arenal und Platges de Fornells.

Festa de Carmen: Bootsprozession um den 16. Juli.
Regatta: Anfang Juli Lateinsegelboot-Regatta und Konzerte.
Sant Antoni: Letztes Juliwochenende Patronatsfcicrn.
Nits de Múscia Clàssica: Klassische Sommerkonzerte in der Dorfkirche jeden Do im Aug.

In der Umgebung ▶ F 2
Ein vom Wind gebeugter wilder Olivenbaum begrüßt den Besucher am Eingang der geschmackvollen Feriensiedlung **Platges de Fornells**, deren Attraktion die herrlichen Kakteengärten sind. In der Ferne weist der Leuchtturm auf dem Cap de Cavalleria den Schiffen den Weg. 1981 lief das ▷ S. 79

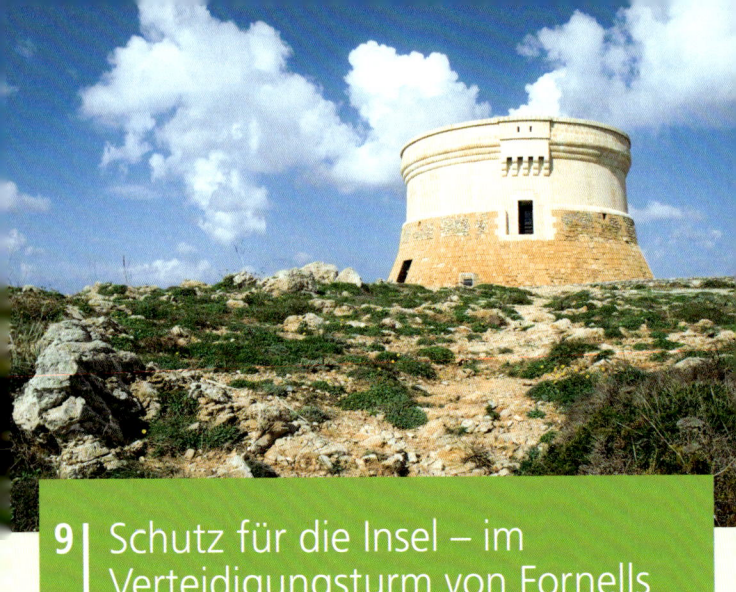

9 | Schutz für die Insel – im Verteidigungsturm von Fornells

Karte: ▶ G 2

Die strategisch günstige Lage machte Menorca schon im 16. Jh. zu einem von Freibeutern sehr begehrten Landeplatz. In dem aus dem beginnenden 19. Jh. stammenden Verteidigungsturm von Fornells kann sich der Besucher einen Überblick über die verschiedenen Arten des Küstenschutzes verschaffen.

Wach- und Verteidigungstürme

Im 16. Jh., als sich das Spanische Reich und die Ottomanen im Kampf um die Vorherrschaft im Mittelmeer heftige Seeschlachten lieferten und Freibeuter durch zahlreiche Razzien die Küsten Menorcas unsicher machten, entstanden auf erhöhten Punkten runde Wachttürme. Diese sogenannten **Atalaias** (ein Name arabischen Ursprungs) hatten die Form eines Zylin-

ders und wurden aus Stein und Mörtel gebaut. Sie besaßen zwei Turmwärter, deren Aufgabe darin bestand, das Auftauchen feindlicher Schiffe durch Feuer- oder Rauchsignale zu melden.

Die **Torres de defensa** (Verteidigungstürme), die mit Geschützen, Lagerräumen und einer Zisterne ausgestattet wurden, entstanden im 17. und 18. Jh. Sie waren größer und hatten dickere Mauern, waren kegelstumpfförmig, aus Stein und Mörtel gebaut, aber durch Marès-Steinträger verstärkt. Sie boten einer Garnison von bis zu 15 Mann Platz und wurden mit Proviant für 12 bis 15 Tage bestückt, um einer eventuellen Belagerung standzuhalten. Neben der Wachfunktion kam den Torres de defensa auch die Küstenverteidigung, d. h. die Verhinderung oder Erschwerung einer Landung von feindlichen Schiffen, zu. Sie standen meist nahe wichtiger Angriffsziele oder an Orten, an denen eine einfache

Landung möglich war. Drei dieser Türme bauten die Spanier in den Jahren 1782 bis 1798; die Briten errichteten während der Napoleonischen Kriege elf weitere Türme, die nach dem Entwurf von C. W. Pasley unter der Bauleitung von Hauptmann Robert d'Arcy entstanden.

Fornells: Schutzhafen an der Nordküste

Die weite Bucht von Fornells war schon immer ein beliebter Ankerplatz und bei schlechtem Wetter ein wichtiger Schutzhafen der Nordküste. Deshalb wurden im Laufe der Geschichte verschiedene Wach- und Verteidigungsanlagen gebaut. Im 1625 begann man auf der Westseite der Bucht mit dem Bau des **Castell de Sant Antoni** 3, das 1670 fertiggestellt wurde. Im Schutze dieser Festung entwickelte sich daraufhin die Fischersiedlung von Fornells, die einzige alte, gewachsene Ortschaft direkt am Meer. 1800 bauten die Briten den Verteidigungsturm auf der Felsinsel Illa de ses Sargantanes, der wie ein kleines Fort mit Zisterne, Pulvermagazin und drei Kanonen ausgestattet war, die genau auf die Hafeneinfahrt ausgerichtet waren.

Heute ein Museum – Die Torre de Fornells 1

Zwischen 1801 und 1802 entstand der mächtige Turm, der majestätisch auf dem 40 m hohen Kap oberhalb der Hafeneinfahrt thront. Von dort bietet sich ein herrlicher Ausblick auf das Meer, die große Bucht mit ihren Inseln und die herbe Küstenlandschaft des Inselnordens. Der halb verfallene Turm wurde im Jahr 2000 komplett restauriert und zu einem modernen Museum umgestaltet, in dem der Besucher auf drei Ebenen eine aufschlussreiche Ausstellung über die Entwicklung des Wachtturm- und Verteidi-

gungssystems der vergangenen Jahrhunderte sehen kann.

Mit einem Umfang von 45 m und mit bis zu 2,65 m dicken Mauern ist der Turm von Fornells der größte aller englischen Verteidigungstürme. Es ist vor allem die massive Stützmauer, die ihn von anderen Türmen seiner Art unterscheidet. Sein Mauerwerk besteht aus Steinen in unterschiedlicher Größe und Form, die mit Mörtel verbunden sind.

Von unten nach oben

Im Untergeschoss befindet sich eine Zisterne, die durch ein Regenwasserauffangsystem auf der Dachterrasse gespeist wurde und die Trinkwasserversorgung der Wachmannschaft sicherstellte. Im Erdgeschoss, das einen rechteckigen 8 x 9 m großen Grundriss aufweist und aus drei hermetisch abgeschlossenen und getrennten Räumen besteht, findet man Lagerräume für Nahrungsmittel, Munition, Waffen und Feuerholz sowie ein Pulvermagazin. An den Wänden öffnen sich zwei von den ehemals drei Schießscharten. Durch einen Brunnenschacht konnte man Wasser aus der Zisterne schöpfen.

Im ersten Stock befinden sich die Offizierskammer mit Schlafstatt und Kamin sowie der Wohn- und Schlafsaal für die Wachmannschaft, der insgesamt etwa 15 Soldaten beherbergen konnte. Der große Kamin diente als Wärmequelle und Kochstelle zugleich. An der Landseite befand sich der ehemalige Eingang, zu dem man über eine Holzleiter gelangte, die bei Gefahr hochgezogen werden konnte.

Eine Wendeltreppe führt zur Dachterrasse, auf der nicht nur die kreisrunden Stellplätze der Kanonen erhalten sind, sondern auch der Ofen, in dem die Kanonenkugeln glühend erhitzt wurden, um damit feindliche Schiffe zu beschie-

Die weite Bucht von Fornells war ein wichtiger Schutzhafen der Nordküste

ßen und in Brand zu setzen. Die Kanonenkugeln hatten eine Reichweite von ca. 2000 m. Durch Öffnungen oberhalb der Eingangstür konnte man zudem Eindringlinge von oben unter Beschuss nehmen.

Öffnungszeiten
Torre de Fornells: April–Okt. Di–So 10–15 Uhr, 2,40 €. An der Kasse erhält man ein Heft mit deutschen Texten zu den Schautafeln im Turm.

Essen und Trinken
Es Cranc 1: Escoles 31, Tel. 971 37 64 42, Do–Di 13–15.30, 19.30–23.30 Uhr. ›Der Krebs‹ heißt dieses versteckt gelegene Lokal, das auch bei Einheimischen als Geheimtipp gilt. Sogar die Gardinen haben Krebsmuster und auf der Karte findet man eine umfangreiche Palette an Meeresfrüchten, Schalentieren und Fischtöpfen (ab 30 €).

Can Miguel 2: Gumersindo Riera 35, Tel. 971 37 51 23, Di–So 12.30–23 Uhr. Angenehmes Lokal mit einem hübschen, altmodischen Speisesaal, schattiger Terrasse und Blick auf die Bucht. Tapes, Käse- und Schinkenplatten sowie andere leckere Kleinigkeiten.

Mit dem Kajak zur Insel
Das Kajak ist das beste Verkehrsmittel, um die in der Bucht gelegene Illa de ses Sargantanes zu erreichen und dort den alten Verteidigungsturm zu besichtigen. **Kajakverleih Katayak 1**: Passeig Marítim 69, Tel. 600 39 05 89, www.katayak.net.

unter Panamaflagge fahrende Fracht-
schiff »Benil« bei stürmischer See auf
ein Riff, der Reeder überließ die Besat-
zung ihrem Schicksal. Das Wrack konnte nie geborgen werden und ragt noch
immer wenige Meter vom Ufer entfernt
aus dem Meer. Hinter dem Strand der
Cala Tirant erstreckt sich ein kleines
Feuchtgebiet, das Vögeln und Wasser-
tieren als Refugium dient.

Essen mit Meerblick – **Es Cactús**: Zona Comercial 5, Tel. 971 37 66 79, tgl.
9–23 Uhr. Schön gestaltetes Lokal mit
Blick auf Strand und Feuchtgebiet. Große Speise- und Dessertkarte mit Paellas
(Reispfannen um 15 €), Meeresgetier
und Pizza.

Cap de Cavalleria ▶ F 1

Weit schiebt sich im Norden die Land-
spitze des Cap de Cavalleria ins Meer hinein. Auf der Klippe erhebt sich der weiße Leuchtturm **Far de Cavalleria.** Fast
senkrecht fallen die Felsen mehr als 90 m
tief zur tosenden Brandung ab. Das Kap
ist die nördlichste Spitze Menorcas und
der gesamten Balearengruppe. An win-
digen Tagen ist dies ein Logenplatz, um
das aufgepeitschte Meer mit seinen
weiß gischtenden Schaumkronen zu betrachten. Im Hinterland finden Wanderer
ein herrliches Terrain mit wilden Ziegen
und immer wieder Ausblicke auf die abwechslungsreiche Küstenlandschaft des
Inselnordens.

Ecomuseu de Cap de Cavalleria

*Landgut Santa Teresa, Tel. 971 35 99
99, www.ecomuseodecavalleria.com,
April–Juni und Okt. tgl. 10–19, Juli/
Aug. und Sept. tgl. 10–20.30 Uhr, 3 €*
Das Ökomuseum ist im ehemaligen
Landgut Santa Teresa eingerichtet und
bietet eine permanente Ausstellung

über die ersten Bewohner Menorcas –
von den Talaiot-Menschen bis zur römischen Besiedlung der Insel. Ein kleiner
Laden mit großer Buchauswahl, ein Café und die nahen römische Ruinen lohnen den Besuch.

Platges de Cavalleria.
Kurz vor dem Erreichen des Landguts
von Santa Teresa sieht man links einen
Parkplatz. Von dort führt ein Pfad über
den Hügel und dann eine Holztreppe
hinunter zu den schönen Naturstränden
Platges de Cavalleria.

Son Parc ▶ G 3

Von der Nordstraße führt die kurvenrei-
che Zufahrtsstraße an den sanft gewellten Greens des Golfclubs vorbei und
taucht dann in die schattigen Kiefernwälder ein. Die ruhige, waldreiche Feriensiedlung zieht sich nordwärts bis zum
Meer, wo sich die weite Bucht von Arenal de Son Saura mit dem schneeweißen
Dünenstrand erstreckt.

Übernachten
Unterkünfte in den Anlagen Beach Club
(hoch über dem Sandstrand) und Sol
Park (im schattigen Wald) können nur
über Reiseveranstalter reserviert werden.

Essen und Trinken
Urig – **Sa Barraca de's Carboner**:
Carretera Maó–Fornells, km 17, Tel. 971
37 15 79, Di–So 13–15.30, 19–23 Uhr.
Am Rande der Nordstraße gelegene
alte Köhlerklause, in der seit 30 Jahren
im rustikalen Speisesaal Kaninchenbra-
ten, Lammschulter oder Schweinefilet
(14–21 €) serviert werden.

Sport und Aktivitäten
Golfplatz – **Golf Club Son Parc**: Tel.
971 18 88 75, Fax 971 35 95 91,

www.golfsonparc.com. Die 1977 eröffnete Anlage ist der einzige Golfplatz der Insel und bietet 18 Löcher. Zum Angebot gehören Kurse, Übungsgelände, Putting Green, Mietbuggies, Clubhaus mit Duschen und Umkleidekabinen, Bar- und Restaurantterrasse mit Blick auf das Golfgelände, Golfshop und zwei Tennisplätze. Startzeitreservierung ist empfehlenswert.

Arenal d'en Castell ▶ H 3

Die halbmondförmige Bucht mit feinsandigem Strand und türkisblauem Wasser bietet viel Platz für Sonnenanbeter. Die umliegende Küstenlandschaft ist karg, aber reizvoll. Ein Zentrum gibt es nicht, die Einkaufsmöglichkeiten beschränken sich auf wenige Supermärkte.

Übernachten
Die hübschen Apartmentanlagen **Isla Paraiso** (oberhalb der Bucht) und **Marina Park** (im Landesinneren) werden nur über Reiseveranstalter vermietet.

Essen und Trinken
Schöner Ausblick – **Romani**: Avinguda s'Arenal 11–19, Tel. 971 35 80 96, tgl. 11–22 Uhr. Restaurantterrasse hoch über dem Meer. Snacks und preiswerte Fischgerichte ab 7 €.
Inselküche – **Alcalde**: Avinguda s'Arenal 62–116, Tel. 971 35 80 93, Mo–So 12.30–15.30, 18.30–23 Uhr. 25 €. Hübscher Speisesaal, schattige Terrasse, menorquinische Küche, hervorragendes Tagesmenü.

Sport und Aktivitäten
Sport – Tennisplätze, Pools und Fitnessraum im Hotel Aguamarina, auch für Nicht-Hotelgäste.

Tauchen – **Marina Divers**: beim Hotel Marina Park, Tel. 696 17 20 30, www.marinadivers.eu. PADI-Kurse vom Open Water Diver bis zum Dive Master, tgl. Ausfahrten, Nacht-, Grottentauchen, Schnorcheltouren.

Infos
Ein Minizug fährt durch die gesamte Feriensiedlung und bis nach Na Macaret. **Bus**: 5 x tgl. nach Maó, 2 x tgl. nach Fornells.

In der Umgebung ▶ H 3
Einen Abstecher wert ist der am Meer gelegene Ort **Addaia**. Gepflegte Pri

vatvillen stehen am Ufer der gleichnamigen 3 km langen Bucht, die von einem englischen Verteidigungsturm aus dem Jahr 1800 bewacht wird. Der moderne Sportboothafen **Port d'Addaia**, den die kleine Felsinsel Illa de Ses Mones schützt, lässt bei Skippern kaum einen Wunsch offen.

Nicht weit von Arenal d'en Castell liegt auch der Küstenort **Na Macaret**. Am Rande der Cala Molí gruppieren sich hübsche private Ferienvillen, viele davon mit eigenen Bootsstegen, an denen Llaüts – das sind menorquinische Küstenboote) – vertäut sind. Rund um den kleinen von drei Palmen überschatteten Badestrand spielt sich besonders im Hochsommer das Leben der Einheimischen ab, wenn der malerische Küstenort den Insulanern als Sommerresidenz dient. Hinter dem Sandplatz kann man zwischen verschiedenen Speiselokale wählen.

Essen auf schattiger Terrasse – **Acuario**: Na Macaret, Sa Plaça, Tel. 971 35 98 58, Di–So 12.30 bis 15.30, 19–22.45 Uhr, 20 €. Das Lokal hat eine angenehme, schattige Terasse, der Innenraum ist auch hübsch hergerichtet. Die Speisekarte bietet verschiedene Fisch- und Fleischgerichte, aber auch diverse Kleinigkeiten.

Strandurlaub vom Feinsten bietet die Bucht von Arenal d'en Castell

Ciutadella und der Westen

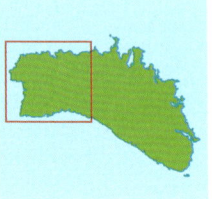

Ferreries ► E 4

Die auf den ersten Blick wenig einladende Ortschaft (ca. 4500 Einw.) mit modernen Wohnhäusern und einem Industriegebiet, in dem Möbel- und Schuhfabriken angesiedelt sind, bietet im Altstadtkern malerische Winkel, blumengeschmückte Gassen und Steige. An den grünen Hängen der Umgebung haben die Einwohner kunstvolle Terrassengärten angelegt, auf denen Obst und Gemüse gedeihen.

Sant Bartomeu
An der Plaça Jaume II. erhebt sich die 1770 vollendete Pfarrkirche. Im Inneren sind besonders die Allerheiligenkapelle und der Retaule de la Pau (Friedensretabel) sehenswert, eine beeindruckende Malerei, die an Ereignisse des spanischen Bürgerkriegs erinnert.

Centre de Natura
`direkt 10` ► S. 83

Übernachten
Apartmenthotel – **Loar**: Avinguda Verge del Toro 2, Tel. 971 37 41 81, www.loarferreries.com. Hotelzimmer und Apartments ab 40 €, im Sommer nur mit Halbpension buchbar. Ausgezeichnetes Restaurant.

Essen und Trinken
Mediterran – **Liorna**: Carrer de Dalt 9, Tel. 971 37 39 12, Mi–Mo 19–23.30

Uhr, um 30 €. Verstecktes Altstadthaus mit begrüntem Innenhof und leichter, italienisch inspirierter Mittelmeerküche. Es finden auch wechselnde Kunstausstellungen statt.
Bauernkost – **Mesón El Gallo**: Carretera Cala Galdana, Tel. 971 37 30 39, Di–So 13.30–15, 19.30–23 Uhr. In diesem Landgasthof kann man in einem großen schattigen Garten sitzen. Kaninchengerichte (um 13 €), Kalbsfilet mit Mahón-Käsesauce und als Dessert Postre de la Abuela nach geheimem Rezept der Großmutter.

Einkaufen
Bauernmarkt: Jeden Sa Vormittag mit Kulinaria und Kunsthandwerk auf der Plaça Espanya. Juni–Sept. bieten Folkloregruppen Musik und Tanz.
Kreativ – **Maria Janer**: Font 24. Ausgewähltes Kunsthandwerk und schönes Material für Handarbeiten.
Traditionell – **Ca'n Doblas**: Plaça Jaume II. 1, www.candoblas.com. Kleiner Laden und Werkstatt für menorquinische Sandalen.

Infos und Termine
Bus: 6–18 x tgl. nach Ciutadella und Maó, 10–17 x tgl. nach Cala Galdana.
Sant Bartomeu: 23.–24. Aug. Patronatsfeiern zu Ehren des hl. Bartholomäus mit Reitern, Eselsprozession, Jahrmarkt, Musik und Feuerwerk.
Feria de artesania: Große Kunsthandwerksmesse auf dem Dorfplatz am 1. Wochenende im Okt.

Die Umweltschutzgruppe der Balearen, kurz GOB genannt, ist in Menorca ganz besonders aktiv. Der aus einer ehemaligen Vogelschutzgruppe hervorgegangene Verein unterhält zahlreiche Begegnungsstätten auf der Insel und ist mit seinen Vorträgen, Wanderungen und Workshops insbesondere in der Öffentlichkeitsarbeit und bei der Kindererziehung aktiv.

Der GOB

Die 1973 gegründete Umweltschutzvereinigung Grup Balear d'Ornitologia i Defensa de la Naturalesa (GOB) hat auf den Balearen mehr als 5000 Mitglieder, davon über 1000 auf Menorca. Sie kümmert sich um alle Belange des Umweltschutzes und veranstaltet Vorträge, organisiert Wanderungen und Jugendcamps, fördert Neubepflanzungen von Wald- und Dünengebieten und leitet Säuberungsaktionen von Meeresbuchten und Stränden.

Das Centre de Natura in Ferreries

Die Dauerausstellung »Die Umwelt Menorcas« (El medi ambient de Menorca) im ersten Stock des Naturkundezentrums gibt einen guten Überblick über die Insel, ihre Ökosysteme, die Vielfalt ihrer Flora und Fauna, die natürlichen Ressourcen, die landwirtschaftliche Nutzung und die Umgestaltung der Landschaft durch die menschlichen Aktivitäten.

Die Wechselausstellungen des Zentrums werden jedes Jahr mehrmals erneuert und sind bestimmten Themen gewidmet: Der Wind, die menorquinischen Haustierrassen, die Wasserreserven, die vorgelagerten Felsinseln und die dort lebenden Eidechsenarten, der Strand und die Seegraswiesen sind nur einige von den in den letzten Jah-

83

ren vorgestellten Themen, die für Kinder und Erwachsene gleichermaßen interessant und unterhaltsam sind.

Landwirtschaft, Viehzucht und ökologischer Anbau

Die Landschaft Menorcas ist geprägt von grünen Viehweiden und winzigen Obst- und Gemüsegärten. In der Vergangenheit basierten die Einnahmen der Bauernhöfe weitgehend auf der Milchwirtschaft, in den letzten Jahren entstehen in vielen landwirtschaftlichen Betrieben neue Projekte, u. a. in Bezug auf Weinanbau, Olivenölherstellung und artgerechte Viehhaltung. Biologisch angebaute und hergestellte Produkte können nun inzwischen in verschiedenen Bioläden der Insel oder direkt beim Hersteller erworben werden. Einen guten Überblick über Bioprodukte verschafft die Agrobotiga des Naturkundezentrums.

Infos

Centre de la Natura de Ferreries:
Carrer Mallorca 2, Tel. 971 37 45 05, Mai–Sept. Sa 10.30–13.30, 17.30–20.30, So 10.30–13.30, Okt.–April Di–Fr 17.30–20.30, Sa 10.30–13.30 Uhr. Dauerausstellung und Wechselausstellungen. In der Buchhandlung des Zentrums gibt es das Buch zur Ausstellung – »Der Umweltführer von Menorca«.

Noch mehr Umweltschutz

Molí del Rei in Maó (► J 6): Camí des Castell 53, Tel. 971 35 07 62, Mo–Do 9–14.30, 17.30–20, Fr 9–14 Uhr, www.gobmenorca.com. Mehr als 100 Getreidemühlen gab es früher auf der Insel, die letzten waren bis in die 1950er-Jahre des 20. Jh. in Betrieb. Noch heute gehören alte Mühlentürme zum Stadtbild vieler Ortschaften. Einige alte Mühlengebäude wurden in den letzten Jahren restauriert und sind heute öffentlich zugänglich. Im Gassengewirr der Hauptstadt Maó verbirgt sich hinter unscheinbaren Wohnhäusern die ehemalige Windmühle Molí del Rei. Diese Anfang des 18. Jh. gebaute Mühle wurde im Jahre 2005 restauriert, um dem GOB als neues Hauptquartier zu dienen. Im Eingangsbereich finden Besucher eine Buchhandlung sowie einen Ausstellungs- und Konferenzsaal. Der Mühlenturm bietet einen fantastischen Ausblick auf Stadt und Hafen.

Parc Rubió i Tudurí in Maó (► J 6): Camí de Ses Vinyes. Dieser im Industriegebiet der Hauptstadt gelegene Park, der nach dem menorquinischen Gartenarchitekten und Landschaftsplaner Nicolau Rubió i Tudurí benannt ist, vereint auf wenigen Quadratmetern zahlreiche Beispiele der verschiedenen Landschaftsformen und der inseleigenen Flora.

Centro de Medio Ambiente (► F 6): Mo–So 10–18 Uhr. Auf dem Freizeitgelände des Hotels Milanos-Pinguïnos am Strand von Son Bou informiert ein Umweltzentrum mit einer Dauerausstellung über die Charakteristiken der Feuchtgebiete, Seegraswiesen und Dünensysteme. Die dort angeeigneten Kenntnisse können Besucher umgehend in der umliegenden Landschaft nachvollziehen.

Wanderungen

Zahlreiche Veranstaltungen und Besichtigungen gehören zum ganzjährig stattfindenden Programm des GOB. Bei den geführten Wanderungen sind auch auswärtige Besucher gerne willkommen und Sprachkenntnisse nicht unbedingt erforderlich. Diese Ausflüge finden jeden ersten Sonntag im Monat statt, den Ausgangsort findet man auf der Homepage des GOB. Besonders beliebt sind die Mondscheinwanderungen.

Ferreries – in einer Talmulde liegt der reizvolle Altstadtkern

In der Umgebung

Hort de Sant Patrici (▶ E 4): Auf dem Landgut erfährt man alles Wissenswerte rund um das Thema Käse (**direkt 11** ▶ S. 86).

Finca de Binissues (▶ D 3): Der honiggelbe Gutshof der menorquinischen Familie Salort, der 4 km von Ferreries entfernt stolz zwischen grünen Hügeln hervorschaut, steht Besuchern seit 1994 als Museumsfinca (Tel. 971 38 00 56) offen, während auf den umliegenden Feldern weiterhin Ackerbau und Viehzucht betrieben werden. Die Wohnräume sowie die ausgestellten Handwerks- und Feldgeräte in den Stallungen bieten einen Einblick in die Welt des menorquinischen Landadels. Ein Restaurant (Tel. 971 37 37 28) mit großer Aussichtsterrasse lädt zur Einkehr ein.

Santa Àgueda (▶ D/E 3): Der Burgberg Santa Àgueda ist mit 264 m die dritthöchste Erhebung der Insel. Auf der Bergspitze sind die Ruinen einer arabischen Festung erhalten. Ausgangspunkt für den etwa 40-minütigen Aufstieg sind die verlassenen Schulgebäude neben dem Landgut Santa Cecilia an der Landstraße Ferreries–Els Alocs. Die Wanderung führt zum größten Teil über einen mittelalterlichen gepflasterten Stufenweg. Das Castell de Santa Àgueda war zwischen dem 11. und 14. Jh. Wohnschloss und Festung der maurischen Wesire und diente dem letzten arabischen Herrscher Abu Umar während der christlichen Rückeroberung (1287) als Zufluchtsort. Die Ruinen gehören heute zu den wenigen architektonischen Überresten aus arabischer Zeit. Die herrlichen Ausblicke über die fruchtbaren Kulturlandschaften der Inselmitte und die zerklüftete Nordküste entschädigen für den recht schweißtreibenden Aufstieg.

11 | Paradies für Käseliebhaber – das Landgut Sant Patrici

Karte: ▶ E 4

Ganz Menorca ist ein einziges Käseparadies, aber nirgendwo kann man so viel über den Herstellungsprozess erfahren wie auf dem Landgut von Sant Patrici – besonders dann, wenn Chefin Jerónima am Samstagvormittag eine spezielle Führung und Verkostung veranstaltet. Aber auch an den anderen Wochentagen lohnt ein Besuch des Käsemuseums und ein Spaziergang durch die gepflegten Anlagen.

Menorca – ein Käseparadies

Jedes Jahr werden auf der Insel etwa 2000 t Kuhkäse hergestellt. Es handelt sich um den in Spanien zweitmeistverkauften Käse, der aber auch in anderen europäischen Ländern und in den USA zahlreiche Abnehmer findet. Obwohl man überall auf Menorca inseleigenen Käse finden kann, ist das Probieren und Einkaufen auf einem der menorquinischen Bauernhöfe mit eigener Käserei zweifellos am schönsten. Die meisten von ihnen sind im nördlichen Teil der Insel angesiedelt. Diese nach dem berühmt-berüchtigten Nordwind benannte Inselhälfte (Tramuntana) ist das am wenigsten besiedelte Territorium Menorcas: Wald- und Weideflächen, sanftes Hügelland und 200 bis 800 ha große Landgüter mit blendend weißen Höfen bestimmen das Bild des Inselnordens. Der raue Nordwind beugt dort nicht nur die Olivenbäume nach Süden, er trägt auch Meerwasser in mikroskopisch kleinen Tropfen über die Insel und berieselt damit die Weiden. Dadurch erhält das Gras einen ganz besonderen Geschmack, der sich auf die Kuhmilch und somit auch auf den Käse überträgt.

Der Menorca-Käse

Die Käseherstellung Menorcas soll bis in die Frühgeschichte zurückgehen.

Das bezeugen Funde von Utensilien, die der Käseherstellung dienten. Schon vor über 2000 Jahren nannten die Griechen die Insel »Meloussa«, die »Viehreiche«. Menorquinischer Käse soll schon bei den Karthagern und Römern beliebt gewesen sein, Bischof Severus pries 417 in seiner Enzyklika den »Caseum vaccinium« und auch arabische Texte aus dem 10. Jh. lobten die hervorragende Qualität des Menorca-Käses. Exportiert wurde der Käse vermutlich seit dem 13. Jh., wobei er sich besonders in Italien großer Beliebtheit erfreute. Mit der britischen Herrschaft erfuhr der Handel einen enormen Anstieg und bald hatte sich der Name »Queso Mahón«, benannt nach dem Herkunftshafen, eingebürgert. Seit 1985 besitzt der Queso Mahón-Menorca eine geschützte Herkunftsbezeichnung, wobei man zwischen dem mit pasteurisierter Milch und dem mit Rohmilch hergestellten Käse unterscheidet. Letzterer wird Queso Mahón-Menorca Artesano genannt und ist an seiner bräunlichen, natürlich gebildeten Rinde zu erkennen.

Im Garten von Sant Patrici

Das Hinweisschild am Ortsrand von Ferreries weist den Weg zum Landgut Hort de Sant Patrici, dessen Besitzer mit viel Arbeitseinsatz und gutem Geschmack ein wahres Käseimperium geschaffen haben. Nach etwa 1 km auf einer schmalen Landstraße hat man den Parkplatz erreicht und kann einen ersten Blick auf Weinreben, Olivenbäume, hoch aufragende Palmen, Zypressen und Araukarien werfen. Inmitten herrlicher Gartenanlagen haben Jéronima und Lluís Casals seit der Firmengründung ein Käseparadies gestaltet, dessen Mittelpunkt das 1919 gebaute **Landhaus** **1** bildet, das dem menorquinischen Maler Fernando Vives und seiner Lebensgefährtin, der Madrider Schauspielerin Virginia López, einst als Sommerresidenz diente. Das Wohnhaus ist im Stil des ausgehenden 19. Jh. gebaut und erinnert an die Werke italienischer Baumeister. Es besitzt einen quadratischen Grundriss und ein Satteldach mit kleinem Türmchen. Auf der einen Seite ist ein schattiger Säulengang vorgebaut und auf der anderen Seite bieten verglaste Erkerfenster einen herrlichem Blick auf die Gartenanlagen. Dort hatte der Künstler einst sein Atelier eingerichtet. Das baufällige Villenhaus wurde umfangreichen Restaurierungsarbeiten unterzogen und erstrahlt jetzt im neuen Glanz.

Rundgang durch das Museum

Ein Rundgang durch das Anwesen führt zu den ehemaligen Schweineställen, in denen ein **kleines Käsemuseum** **2** eingerichtet ist. Dort können Besucher hölzerne Käsepressen, Milcheimer und andere alte Gerätschaften betrachten, einen Videofilm anschauen und jede Menge Käse probieren. Im hinteren Teil des Käsemuseums befindet sich der Reifekeller, in dem Hunderte von Käselaibe bei kontrollierter Temperatur und Feuchtigkeit in den Regalen ruhen. Während des Reifungsprozesses müssen sie regelmäßig gewendet werden. Eine orangefarbene Plastikbeschichtung schützt den Queso Mahón-Menorca. Der Queso Mahón-Menorca Artesano wird öfter gewendet und mehrmals mit Olivenöl bestrichen, was der natürlichen bräunlichen Rinde mehr Elastizität verleiht. Je nach Reifezeit unterscheidet man verschiedene Käsesorten. Der milde junge Käse, der Tierno genannt wird, reift zwischen 21 und 60 Tagen, der halb reife Semicurado ist 2 bis 5 Monate alt und der Curado hat eine Reifezeit von 5 bis 12 Monaten.

Zu Käse passt Wein – brandneue Bodega von Sant Patrici

Milder und halb reifer Käse wird von den Menorquinern gern mit Früchten, Trockenobst oder Feigenmarmelade kombiniert. Diese Marmelade, auf Menorca *Figat* genannt, kann man im Delikatessenladen des Landgutes erstehen, genauso wie das Quittengelee, welches zusammen mit dem herzhaften Käse eine ebenso schmackhafte Kombination bildet. Der reife Menorca-Käse ist eine Delikatesse für Käseliebhaber. Er hat ein stark ausgeprägtes Aroma, ist leicht brüchig, eignet sich hervorragend zum gratinieren und wird in der menorquinischen Kochkunst viel und gerne verwendet, z. B. für die Mahón-Käsesauce.

Der Delikatessenladen

In der Käserei kann man am frühen Vormittag dem Käsemeister bei der Arbeit zuschauen und Einzelheiten über den Herstellungsprozess erfahren. Neben der **Käserei** 3 bietet das geschmackvoll eingerichtete **Delikatessengeschäft** 4 kiloweise Käse, dazu Wurstwaren, menorquinischen Honig, verschiedene Marmeladen, knusprige Mandelplätzchen und inseleigene Weine an. Erst vor wenigen Jahren haben die menorquinischen Bauern wieder mit dem Weinanbau begonnen. Auch auf dem Landgut Sant Patrici gedeihen seit Kurzem auf einer Fläche von nur 2,2 ha die Traubensorten Merlot, Cavernet Sauvignon und Sirah. Nach der jährlichen Weinernte im September, bei der die Rentner von Ferreries tatkräftig mithelfen, werden etwa 9000 Flaschen abgefüllt, die in der **Bodega** 5, dem neu angelegten Weinkeller, auf Liebhaber warten. Der Rosé ist übrigens nach der kleinen Enkeltochter Cayetana benannt.

Kunst in Stein

Im Mai 2003 fand auf dem Landgut ein internationales Symposium statt, bei dem 14 Künstler aus Spanien und anderen Ländern 25 Tage lang an großen Blöcken Carrara-Marmor arbeiteten, um daraus zehn Skulpturen zu schaffen. Die auf 10 000 m² verteilten Figuren des **Skulpturengartens**  sollen den Weg des Menschen auf der Erde darstellen und sind heute als öffentliche Gartenanlage allen Besuchern zugänglich.

Das Landhotel – ein unvergessliches Erlebnis

Eigener Käse, eigener Wein und der gute Geschmack der Besitzer machen einen Besuch auf dem Landgut von Sant Patrici zu einem unvergesslichen Erlebnis. Noch intensiver kann man den Aufenthalt genießen, wenn man das Glück hat, in einem der acht komfortabel ausgestatteten Zimmer mit Blick auf den herrlichen Garten übernachten zu dürfen. Das in der alten Villa eingerichtete Landhotel **Ca Na Xini** öffnete Ende 2007 seine Pforten und besticht durch unzählige Details. Frühzeitige Reservierung ist zu empfehlen und ungestörte Nachtruhe garantiert.

Am Morgen erwarten den Gast Vogelgezwitscher und ein ausgiebiges Frühstück, bei dem hausgemachte Marmeladen, menorquinische Wurstwaren und eine üppige Käseplatte natürlich nicht fehlen dürfen.

Infos

Hort de Sant Patrici: Camí de Ruma, km 1, Ferreries, Tel. 971 37 37 02, www.santpatrici.com, Mai–Okt. Mo–Sa 9–13.30, 16.30–20, Nov. bis April Mo–Sa 9–13, Mo–Fr 16–18 Uhr. Besuch mit Audioguía und Verkostung: 4,50 €.

Andere Bauernhöfe mit Käseverkauf

Beachten sollte man die grünen Hinweisschilder mit dem Zusatz »Venta de Queso« – sie weisen den Weg zu Bauernhöfen mit eigener Käserei und Käseverkauf.
Dazu gehören:
Gutshof Santa Catalina (▶ H 4): Lloc de Santa Catalina, Carretera Maó bis Fornells, km 10, Tel. 971 18 80 30.
Landgut Subaida (▶ G 4): Camí de Binifabini (Carreterra Alaior–Arenal d'en Castell), Tel. 971 37 90 86, www.subaida.com, Mo–Sa 9–14, 16–20 Uhr.

Cala Galdana ▶ D 5

Hohe Steilküsten und Kiefernwälder umgeben die halbmondförmige Badebucht, die sich am Ende einer wildromantischen Schlucht zum Meer öffnet: Durch den Barranc d'Algendar fließt ein ganzjährig Wasser führender Wildbach. Im Uferbereich des Wasserlaufs ankern kleine Boote und zahlreiche Entenfamilien schnattern im Schilf. Im westlichen Ortsteil sind Restaurants, Einkaufsmöglichkeiten sowie Hotels und Apartmentanlagen zu finden. Eine Fußgängerbrücke führt von dort über die Flussmündung auf eine Halbinsel und an den daran anschließenden Badestrand. Das die Feriensiedlung umgebende Naturschutzgebiet bietet viele idyllische Winkel, verborgene Badeplätze und Wandermöglichkeiten.

Übernachten

Wellness – **Hotel Audax**: Tel. 971 35 22 02, www.artiemhotels.com, DZ ab 95 €. Gepflegtes 4-Sterne-Hotel mit 244 Zimmern, einige mit eigener Whirlpool-Wanne. Schöner Pool, Fitnesscenter, Tennisplätze, Sportprogramm ›Audax Sports & Nature‹ mit Wandertouren, Mountainbiking, Kajakfahren. Ideal für Paare.

Ländlich – **Agroturisme Son Triay Nou**: Carretera Ferreries–Cala Galdana (Einfahrt nach 5 km gegenüber der Gärtnerei Truvy), Tel. 971 15 50 78, im Winter Tel. 971 36 04 46, www.son triay.com, DZ 90–110 €. Stolzer Gutshof mit Hauskapelle, vier Gästezimmern sowie kleinem Gartenhäuschen. Gemütliche Aufenthaltsräume mit Kamin, außerdem Pool, Garten und Tennisplatz.

Die halbmondförmige Bucht Cala Galdana

Einfach – **Camping Sa Talaia**: Carretera Cala Galdana, km 4, Tel. 971 37 42 32, www.campingsatalaia.com, 1. April bis 30. Sept., pro Pers. und Zelt 7, Auto 3 €. 3 km vom Strand unter schattigen Bäumen gelegener Campingplatz, ca. 100 Stellplätze, Bar, Restaurant und Pool.

Essen und Trinken

Lecker – **S'Escopinya**: Complejo Binisaïd, tgl. 9–23 Uhr. Der beste Platz für Leckermäuler: Kuchen und Torten aus eigener Konditorei, auch belegte Brote und kleine Gerichte zwischen 4 und 10 €.

Deftig – **Es Barranc**: Passeig des Riu, Tel. 971 15 46 43, tgl. 12.30–15.30, 18–23 Uhr. Der einzige Fischer von Cala Galdana fährt für Eduardo aufs Meer. Fisch auf menorquinische Art ist deshalb Spezialität des Hauses. Köstlich ist auch die Lammschulter (*Xot*) für 16 € und die Langustensuppe ist preiswerter als woanders.

Schöne Lage – **El Mirador**: Tel. 971 15 45 03, tgl. 12.30–23 Uhr. Das auf der Halbinsel zwischen Flussmündung und Meer gelegene Lokal ist vor allem aufgrund der schönen Lage zu empfehlen – das Essen wird dabei fast zur Nebensache. Die Karte bietet vorwiegend Fischgerichte (15–25 €).

Sport und Aktivitäten

Wandern – Auf sehr schönen Waldpfaden erreicht man die Naturstrände **Cala Macarella** (▶ C 5, ca. 40 Min.) im Westen und **Cala Mitjana** (▶ D 5, ca. 30 Min.) sowie **Cala Trebalúger** (▶ D 5, ca. 60 Min.) im Osten. **Audax Sports & Nature**: Tel. 971 15 46 46, begleitete Wander- und Schluchtentouren.

Tauchen – **Blue Islands Diving**: am Strand neben dem Hotel Gavilanes, Tel. 629 73 48 73, www.blueislandsdiving.com. Tauchschule mit zahlreichen Kursen, zwei Ausfahrten täglich zu den herrlichen Tauchgründen im Inselsüden.

Freizeitkomplex: Wasserrutschbahnen und Minigolf neben der Autobrücke auf der Westseite des Wildbaches.

Reitershow – **Son Martorellet**: Carretera Cala Galdana, km 1,7, Tel. 639 15 68 51, www.sonmartorellet.com, Mai–Okt. Di, Do 20.30–22 Uhr. Auf dem Reiterhof von Sabin leben etwa 30 reinrassige, pechschwarze Menorquiner-Pferde. Jeden Di und Do Abend zeigen Reiter und Vollblüter ihr Können bei einem Schauspiel, das sich mit der hohen Kunst der Spanischen Reitschule messen kann.

Infos

Bus: 4 x tgl. nach Ciutadella, stdl. nach Ferreries, von dort Anschluss nach Maó.

Ciutadella ▶ A/B 3

Am Cap de Ponent, ganz im Westen der Insel, liegt die zweitwichtigste Stadt Menorcas (ca. 29 000 Einw.). Aufgrund ihres harmonischen Stadtbildes gilt Ciutadella als eine der schönsten Städte Spaniens. Bereits die Phönizier sollen an dieser Stelle eine Handelsniederlassung unterhalten haben. Die römische Siedlung Iamo ist historisch belegt und die Mauren, die den Ort »Medina Minurka« nannten, regierten dort mehr als 300 Jahre, bis sie von den Katalanen unter König Alfons III. abgelöst wurden. Nachdem die Briten im 18. Jh. die Hauptstadt auf die Ostseite verlegt hatten, versank Ciutadella in der Bedeutungslosigkeit und konnte sich erst Mitte des 19. Jh. durch die aufblühende Schuhindustrie wirtschaftlich erholen. Heute verdienen die meisten Einwohner ihren Lebensunterhalt im Dienstleistungsgewerbe. Wer die Stadt besucht,

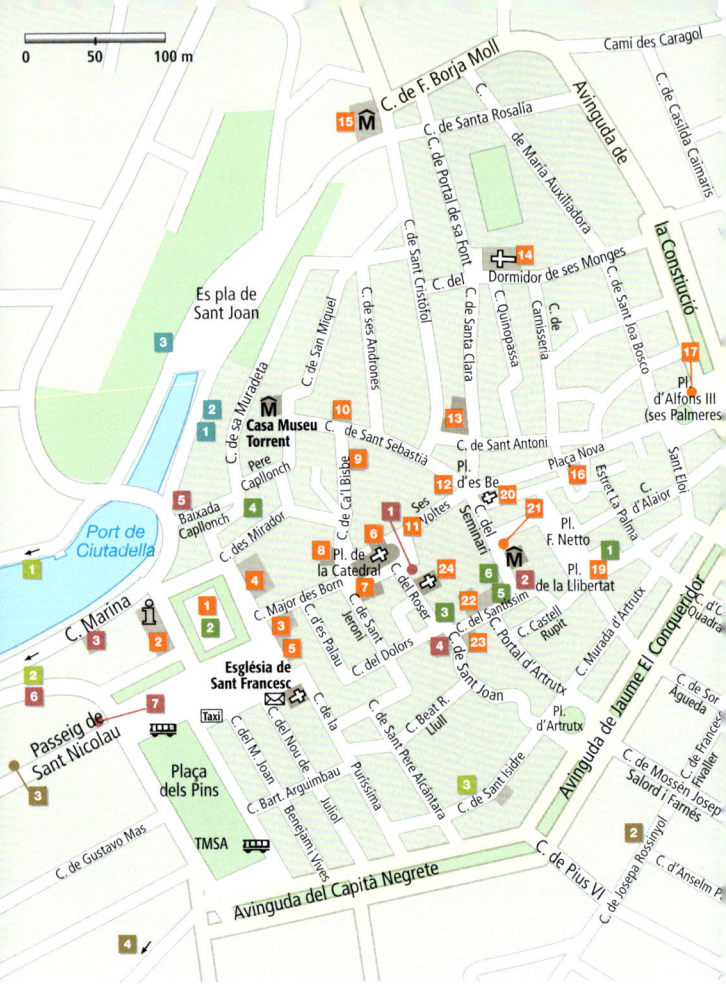

sollte viel Zeit einplanen und den Besuch des Steinbruchmuseums nicht versäumen (s. S. 100). Im **Stadtzentrum** finden Spaziergänger Historisches aus vielen Jahrhunderten: Kirchen, Klöster und die Kathedrale, prachtvolle Paläste mit zauberhaften Innenhöfen, dämmrige Gassen, durchbrochen von mediterraner Lichtfülle (direkt 12 ▶ 1 – 24 S. 94).

Übernachten

Am Ortseingang – **Alfons III** 1: Camí de Maó 53, Tel. 971 38 01 50, www.hotelalfons.com, DZ 42–82 €. Kleines 1-Stern-Hotel mit Café, Zimmer mit TV, Heizung, Telefon; die ruhigsten Zimmer liegen nach hinten raus.

Familiär – **Geminis** 2: Josepa Rossinyol 4, Tel. 971 38 46 44, www.hotelgeminismenorca.com, DZ 50–90 €. Zentral und ruhig gelegenes Hotel mit 30 Zimmern, freundliche Besitzer, familiäres Ambiente, Pool, Sonnenterrasse.

Hafenblick – **Patricia** 3: Passeig Sant Nicolás 90, Tel. 971 38 55 11, hotel@

Ciutadella

Sehenswert

1. Plaça des Born
2. Ajuntament (Stadt-verwaltung)
3. Can Salort
4. Cas Comte
5. Can Vivó
6. Kathedrale
7. Consell Insular
8. Palau Olivar
9. Ca'l Bisbe
10. Palau Squella
11. Ses Voltes
12. Plaça d'es Be
13. Sant Josep und Sala de Cultura Sa Nostra
14. Santa Clara
15. Museu Municipal
16. Plaça Nova
17. Plaça de Ses Palmeres
18. Molí d'es Comte
19. Plaça de la Llibertat
20. Sant Crist
21. Eglésia dels Socors und Museu Diocesà
22. Palast Martorell
23. Can Saura
24. Eglésia dels Roser

Übernachten

1. Alfons III

2. Geminis
3. Patricia
4. Port Ciutadella

Essen und Trinken

1. Sa Gelateria
2. Aravadevi
3. Triton
4. La Guitarra
5. S'Armador
6. Casa Manolo
7. Can Bep

Einkaufen

1. Fischmarkthalle
2. Wochenmarkt
3. Idó
4. Miramelindo
5. Jafriss.80
6. Safir

Ausgehen

1. Café Gabanna
2. Jazzbah
3. Space

Sport und Aktivitäten

1. Platja Gran
2. Ausflugsboote
3. Velos Joan

---

hesperia-patricia.com, DZ 54–165 €. Angenehmes Stadt- und Businesshotel in ruhiger Allee oberhalb des Hafens. Es bietet 44 Zimmer, 4 Juniorsuiten mit Terrasse. Bar-Café, Konferenzräume. Im Pool im Innenhof kann man ausspannen.

Strandnah – **Port Ciutadella** 4 : Passeig Marítim 36, Tel. 971 48 25 20, www.sethotels.com, DZ 80–200 €. 4-Sterne-Hotel am Stadtrand, mit Spa und Beauty Center, nur 100 m vom Strand Platja Gran entfernt.

Essen und Trinken

Fischerkneipe – **Triton** 3 : Port de Ciutadella, Tel. 971 38 00 02, tgl. 8–24 Uhr, ca. 15 €. Starker Kaffee, kühle Drinks und leckere Tapes. Viele Einheimische, im Hochsommer brechend voll.

Kellerlokal – **La Guitarra** 4 : Carrer Dolors 1, Tel. 971 38 13 55, Mo–Sa 13 bis 15.30, 19–23.30 Uhr, ca 20 €. Gemütliches Kellergewölbe, in dem auch die Angestellten der Stadtverwaltung gerne essen. Beliebt ist Ente (*Pato*) nach Art des Hauses, ▷ S. 97

12 | Bummel durch die Jahrhunderte – die Altstadt von Ciutadella

Karte: ▶ A/B 3

Der späte Nachmittag, wenn die letzten Sonnenstrahlen ihr sanftes Licht auf ockerfarbene Stadtmauern und honiggelbe Paläste projizieren, ist die beste Zeit für einen beschaulichen Stadtbummel. Die Einheimischen haben gerade ihre Klappstühle vor die Tür gestellt und genießen die kühlende Brise, die der Nord- oder der Westwind nach einem heißen Sommertag bringt.

Auf dem Rathausplatz

Ausgangspunkt für den Spaziergang ist die **Plaça des Born** 1, der mittelalterliche Turnier- und heutige Rathausplatz. Bis Ende des 19. Jh. war die gesamte Stadt von hohen Mauern umschlossen. Beim Abriss ließ man die Eckbefestigungen hinter dem Rathaus (die einen wunderbaren Aussichtspunkt bilden) und die Bastió de Sa Font (Brunnenbastion) stehen. Der zinnengekrönte **Sitz der Stadtverwaltung** 2 mit den arabisch anmutenden Arkaden und dem in den Bürgersteig eingearbeiteten Wappenschild wurde von dem katalanischen Architekten Josep Maria Sagnier entworfen. Höhepunkt ist der im ersten Stock gelegene Sitzungssaal mit der Ahnengalerie und den in die Kassettendecke eingefügten Familienwappen. An das sogenannte Unglücksjahr, den schrecklichen Piratenüberfall von 1558, erinnert der Obelisk in der Mitte des Platzes. Auf der gegenüberliegenden Seite öffnen sich die Loggien der Adelspaläste **Can Salort** 3 und **Cas Comte** 4. Der letztgenannte Palast, der einst dem Grafen Torre Saura gehörte, besticht durch das reich verzierte Eingangsportal. Am rosafarbenen Palast **Can Vivó** 5 stechen die typisch englischen Erkerfenster ins Auge.

Rund um die Kathedrale

Durch die Straße Major des Born, in der das Seitenportal des Saura-Palastes mit einem der schönsten Türklopfer der Insel und dem Kopf einer verschleierten Frau auffällt, sind es nur wenige Schritte bis zur **Kathedrale 6** . Sie wurde nach der Eroberung Menorcas unter König Alfons III. auf den Grundmauern der arabischen Moschee begonnen. 1362 war die im Stil der katalanischen Gotik ausgeführte Basilika vollendet. Bei einem türkischen Überfall wurden jedoch große Teile des Gebäudes zerstört und als Spätfolge der im Innenraum verursachten Feuerbrunst stürzten 1626 die Gewölbe über dem Altar ein. Die Restaurierungsarbeiten nahmen mehrere Jahrhunderte in Anspruch. Links vom Altarraum ist besonders die Allerseelenkapelle mit ihren feingewundenen Säulen aus dem 18. Jh. sehenswert. Beachtung sollte man auch dem gotischen Seitenportal schenken, den Kirchenfenstern der Apsis, dem Chorgestühl und dem Bischofsstuhl.

Blickfang am Kathedralenplatz ist der große Palast, in dem seit 1995 der **Consell Insular 7** (Inselrat) untergebracht ist. Dem Hauptportal der Kathedrale gegenüber erhebt sich die strenge Fassade des **Palau Olivar 8** . Hier beginnt die Straße Ca'l Bishe, in der der Bischof einen schönen **Palast (Ca'l Bisbe) 9** bewohnt. Manchmal sieht man den Bischof mit Soutane, der aus seinem Palast kommend zur Kathedrale hinüberhuscht. Der stille Innenhof des Bischofspalastes ist für Besucher geöffnet. An der honigfarbenen Fassade des stolzen **Palau Squella 10** prangen das Familienwappen, Kariatiden und feinziselierte schmiedeeiserne Balkone.

Die Arkadengasse

An der nach Osten ausgerichteten Apsis der Kathedrale beginnt die Gasse

> **Übrigens:** Ciutadella ist nach Maó die zweitgrößte Stadt der Insel, ihr Name lautet übersetzt aber »kleines Städtchen«.

Ses Voltes 11 mit ihren Bogengängen, unter denen sich Läden und Cafés eingerichtet haben. Nur wenige Schritte sind es bis zur **Plaça d'es Be 12**, wo die Statue eines aus Bronze gegossenen Hammels auf einer weißen Säule steht. Das Bildwerk wurde von dem menorquinischen Künstler Matias Quetglas geschaffen und erinnert an das Johannisfest, das jedes Jahr Ende Juni mit dem sogenannten Schafssonntag beginnt.

Bis zur alten Windmühle

In der engen Gasse Santa Clara steht die liebevoll restaurierte **Kirche Sant Josep 13**, in der die Sparkasse Sa Nostra Ausstellungen, Vorträge und Diavorführungen organisiert. Am Ende der Gasse stößt man auf das **Nonnenkloster Santa Clara 14** und das **Museu Municipal (Stadtmuseum) 15**, das Archäologische Stadtmuseum mit Fundstücken aus der menorquinischen Vorgeschichte sowie aus römischer und arabischer Zeit.

Den Kolonnaden Ses Voltes folgend, kommt man zur **Plaça Nova 16**, wo sich zahlreiche Straßencafés befinden, und kurz dahinter zur **Plaça des Ses Palmeres 17**. Schräg gegenüber erhebt sich der **Molí d'es Comte 18**, die 1994 restaurierte »Windmühle des Grafen«, in der ein Café eingerichtet ist. Bis zum Abriss der Mauern stand auf dem Platz das Haupttor der befestigten Stadt und noch heute kann man auf dem Boden den Stein sehen, auf den Alfons III. bei der Rückeroberung durch die Christen (1287) dreimal geklopft haben soll.

Über den Fischmarkt zurück zur Kathedrale

Der Weg zurück durch die Altstadt führt an der Plaça Nova linker Hand durch einen Torbogen in die Straße Sant Crist und durch den Carrer de l'Hospital de Santa Magdalena zur **Fischmarkthalle** an der nahe gelegenen **Plaça de la Llibertat** 19, in der besonders am frühen Morgen reges Treiben herrscht. Durch den Carrer del Sant Crist gelangt man zur gleichnamigen **Església del Sant Crist** 20 aus dem Jahre 1667, deren Kirchenportal mit steinernen Blumen und Engeln geschmückt ist. Den Altarraum ziert ein Bildnis von Christus am Kreuz, das im Jahre 1661 auf wundersame Weise mehrmals Blut geschwitzt haben soll. Linker Hand erhebt sich die **Església dels Socors** 21 mit der Figur des Teufels über dem Eingangsportal. Die Kirche besitzt eine große Barockorgel und ist Teil des Priesterseminars, das mit seinem idyllischen Innenhof und dem **Diözesanmuseum** einen Besuch wert ist. Letzteres hat einen wunderschönen stillen Orangenhof, um den sich verschiedene Ausstellungssäle gruppieren. Die Dauerausstellung umfasst Fundstücke aus der Vor- und Frühgeschichte, der römischen Kolonisierung und der frühchristlichen Epoche, liturgische Gegenstände und religiöse Goldschmiedekunst sowie Bilder des menorquinischen Malers Pere Daura (1896 bis 1976).

Im Carrer del Santíssim erhebt sich der prächtige **Palast Martorell** 22 mit der breitflächigen Fassade und der Palau de **Can Saura** 23, den die Stadtverwaltung in Zukunft für kulturelle Zwecke nutzen will. Rechter Hand geht es in den Carrer del Roser mit der **Església del Roser** 24, deren Barockfassade als schönste der Stadt gilt.

Von dort sind es nur wenige Schritte zurück zum **Kathedralenplatz**, wo man sich auf den leinenbespannten Klappstühlen vor der Eisdiele **Sa Gelateria** 1 prächtig ausruhen und dabei die Wasserspeier an der Seitenfassade der Kathedrale betrachten kann. Dazu gibt es ein leckeres Eis oder eisgekühlten Granizado.

Infos

Die Touristenbüros im Rathaus und im Consell Insular halten Stadtpläne und Informationsmaterial bereit.

Öffnungszeiten

Catedral 1: Mo–Sa 10.30–16.30 Uhr, abends und So nur zu den Gottesdiensten. Eingang: Carrer de Ca'l Bisbe, 2 €

Ca'l Bisbe 9: Mo–Fr 10–13, 16–19 Uhr

Sala de Cultura Sa Nostra 13: Carrer de Santa Clara 9, Mo–Fr 10–13, 18.30–20.30, Sa 10–12 Uhr

Museu Municipal 15: Bastió de Sa Font, Mai-Sept. Di–Sa 10–14, 18–21, Okt.–April Di–Sa 10–14 Uhr, 2,50 €

Museu Diocesà 21: Carrer del Seminari 9, Mo–Sa 10.30 bis 13.30 Uhr, 3 €

Einkehren

Rund um den Fischmarkt 1 trifft man die Einheimischen in vielen netten Straßencafés.

Besondere Empfehlungen

Sa Gelateria 1: Plaça de la Catedral. Hier findet man das beste Speiseeis der Insel.

Aravadevi 2: Santíssim 8, Tel. 971 38 30 72, Mo–Sa 11–14, 18–24 Uhr. Neue Weinbar neben dem Diözesanmuseum, ideal für ein Glas Wein oder einen kleinen Imbiss nach dem Stadtbummel.

Auberginenauflauf (*Tumbet*) oder auch *Arròs brut*.

Maritim – **S'Armador** [5]: Pere Caplonch 42, Tel. 971 38 35 24, tgl. 12–16, 19–23 Uhr. Frischer Fisch und Meeresfrüchte, im Hafen bester Platz für den Sonnenuntergang. Tellergerichte mit Fisch um 25 €, Mittagsmenü (3 Gänge ohne Getränk) 15,50 €.

Edel – **Casa Manolo** [6]: Marina 117 bis 121, Tel. 971 38 00 03, tgl. 13 bis 15.30, 19–23.30 Uhr. Unter den weißen Blüten der Kapernsträucher, die von der alten Hafenmauer herunterwuchern, speist man beste Meeresspezialitäten (Venusmuscheln in Knoblauchsauce 18 €, Langustentopf 65–70 €) mit Blick auf die Luxusjachten.

Gaumenschmaus – **Can Bep** [7]: Passeig Sant Nicolau 4, Tel. 971 48 78 15, www.canbep.com, Mo–Sa 13–16, 19–23.30 Uhr, Gehobene Kategorie, Mittagsmenü 15 €.In der schattigen Allee, die parallel zum langgestreckten Hafen verläuft, eröffnete vor einigen Jahren ein Restaurant, das in einem gepflegten Stadthaus aus dem Jahre 1935 untergebracht ist. Die sorgfältig restaurierten Räumlichkeiten rund um den gekachelten Innenhof und die feine Saisonküche sind ein wahrer Augen- und Gaumenschmaus.

Einkaufen

Märkte – In der kleinen **Fischmarkthalle** [1] aus dem Jahr 1895 an der Plaça de Llibertat ist fangfrisches Meeresgetier im Angebot, unter den umliegenden Arkaden haben Gemüsehändler ihre Stände aufgebaut, und die Fleischer bieten ihre Waren in den blitzblanken gekachelten Läden feil. **Wochenmarkt** [2]: Jeden Fr und Sa 9–13.30 Uhr auf der Plaça des Born.

Traumhaft – **Idó** [3]: Carrer del Santíssim 5. Hier gibt es sündhaft teure Kleider und originellen Schmuck von bekannten Designern.

Beliebter Treffpunkt in Ciutadella – die Plaça des Born

Nachts lockt der Hafen von Ciutadella mit Cafés und Restaurants

*Sommermode – ***Miramelindo** : Sa Muradeta 14. Fröhliche Sommer- und Strandkleidung, Tücher und Accessoires.

*Lederwaren – ***Jafriss.80** : Carrer del Seminari 40. Sportliche Markenschuhe und schicke Lederjacken aus eigener Herstellung.

*Edle Geschmeide – ***Safir** : Carrer des Seminari 38. Atelier für kunstvolles Geschmeide aus Gold und Silber.

Ausgehen

*Partymeile – *Pla de Sant Joan: **Café Gabanna**  (gestyltes Interieur, kühle Drinks, heiße Musik), **Jazzbah**  (Musikbar mit sporadischen Jazz-Liveauftritten) und **Space** (Disco mit Terrasse unter freiem Himmel) gehören zu den Nachtlokalen am Hafen, in denen Stimmung erst nach Mitternacht aufkommt.

Sport und Aktivitäten

*Baden – *Die am südlichen Stadtrand gelegene **Platja Gran**  ist beliebter Badeplatz der Einheimischen. Idyllisch ist auch die Platja de Sa Farola beim Leuchtturm auf der Nordseite des Hafens.

*Bootsausflüge – *Jeden Vormittag verlassen verschiedene **Ausflugsboote**  den Hafen zu ganztägigen Fahrten (9.30–17 Uhr) inklusive Paella-Essen und Badeaufenthalten an der Südküste. Eine Voranmeldung ist empfehlenswert.

*Fahrrad- und Motorradverleih – ***Velos Joan** :Carrer Sant Isidre 28–34, Tel. 971 38 15.

Infos und Termine

Oficina de Turisme: Plaça des Born (Ajuntament), Tel. 971 48 14 12, turisme1@ajciutadella.org, Mo–Fr 9.30–20.30, Sa 9.30–15.30 Uhr.

Bus: Abfahrt der TMSA-Busse Plaça dels Pins, 6–20 x tgl. nach Maó. Abfahrt der Torres-Busse Plaça de Menorca: alle 30–60 Min. nach Sa Caleta, Santandria, Cala Blanca und Cala en Bosc im Süden sowie Cala en Blanes, Cala en Forcat, Los Delfines, Cales Piques im Norden.

Taxi: Taxistand an der Plaça dels Pins, Tel. 971 48 22 22.

Festa de Sant Joan: Johannisfest um den 23./24. Juni.

Festival Música d'Estiu (Sommerfestival): Die Top-Adresse für klassische Sommerkonzerte ist die Kirche des Priesterseminars, im Juli und Aug. (meist Mo abends) treten dort hochkarätige Künstler und weltbekannte Orchester auf.

In der Umgebung

Steinbruchmuseum Pedreres de s'Hostal (▶ B 3). Kalkstein ist seit Urzeiten bis heute ein wichtiges Baumaterial auf der Insel. Im Steinbruchmuseum blickt man in den Bauch der Erde (**direkt 13** ▶ S. 100).

Naveta des Tudons (▶ B 3): 3 km vor den Toren der Stadt liegt die prähistorische Begräbnisstätte, die die Form eines kieloben liegenden Schiffes aus Stein aufweist und zu den ältesten Bauwerken Spaniens gehört.

Sant Joan de Missa (▶ B 4): Die kleine weiße Einsiedelei   ▷ S. 104

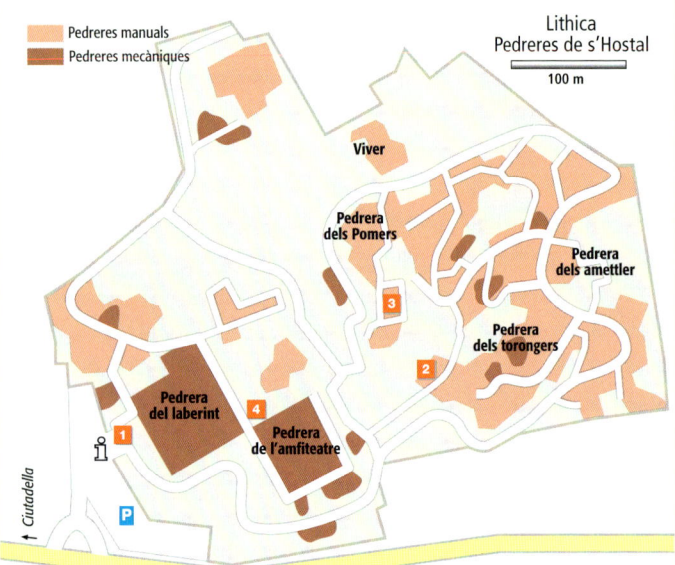

Pedreres manuals
Pedreres mecàniques

Lithica
Pedreres de s'Hostal
100 m

Viver

Pedrera dels Pomers

Pedrera dels ametler

3

Pedrera dels torongers

2

Pedrera del laberint

ℹ **1**

4

Pedrera de l'amfiteatre

← Ciutadella

P

Wenn man mit dem Flugzeug über die Insel fliegt, entdeckt man besonders im Süden zahlreiche Vertiefungen im Bauch der Erde. Schon in grauer Vorzeit haben die Inselbewohner dort Kalksteine für ihre mysteriösen Bauwerke geschlagen. Bis heute gibt es überall auf der Insel alte, verlassene Steinbrüche.

Rätselhafte Steinmonumente der Ureinwohner, landwirtschaftliche Gebäude und ein ganzes Spinnennetz von kunstvoll aufgeschichteten Steinmauern geben Zeugnis davon, dass Steine auf Me-norca schon immer eine besondere Bedeutung besaßen. Vor allem im südlichen Teil der Insel gibt es unzählige Steinbruchvertiefungen, Narben im Bauch der Erde, aus denen seit Jahrtausenden Marès (quarternärer Helix-Kalk-mergel) als Baumaterial geschnitten wurde. Praktisch alle älteren Gebäude Menorcas sind aus diesem weißen bis ockerfarbenen Stein gebaut. Schon die ersten Menorquiner verwendeten ihn vor mehr als 3000 Jahren, um daraus ihre sagenumwobenen Taules, Talaiots und Navetes zu errichten. Im Mittelalter entstanden Wachttürme an der Küste, Bauernhäuser im Landesinneren sowie

Kirchen, Paläste und die Stadtmauern von Ciutadella. In früheren Jahrhunderten wurden die weichen Kalksteine der Insel sogar aufs spanische Festland exportiert: Die Kathedrale in der südspanischen Stadt Cádiz wurde zum Teil aus Steinen Menorcas gebaut und menorquinische Auswanderer nahmen Steine mit nach Nordafrika, um dort ihre neuen Häuser zu errichten. Um die Verschiffung zu erleichtern, liegen einige Steinbrüche deshalb auch direkt an der menorquinischen Küste.

Von der Müllkippe zum Museum

Auch heute finden Marèssteine noch Verwendung, besonders bei der Restaurierung von Kirchenportalen, Wasserspeiern und alten Festungstürmen sowie bei der Dekoration und Verkleidung von Häusern. Viele alte Steinbrüche wurden jedoch inzwischen aufgegeben und gerieten nach und nach in Vergessenheit. Einige nutzte man als windgeschützte Gärten zur Anpflanzung von empfindlichen Obstbäumen oder Weinstöcken. In anderen baute man Viehställe oder ließ dort Pferde und Kühe weiden. Wieder andere wurden als Abladeplatz von alten Autos, ausgedienten Kühlschränken und als wilde Müllkippen benutzt. Aber niemand interessierte sich wirklich für die tiefen Gruben und labyrinthartigen Gänge, die Teil der menorquinischen

Landschaft sind. Erst 1994, nachdem die französische Architektin und Bildhauerin Laetitia Sauleau Lara ihre Liebe zu den menorquinischen Steinbrüchen entdeckt und die Vereinigung Líthica ins Leben gerufen hatte, begann für die Steinbruchvertiefungen ein neues goldenes Zeitalter. Mit vereinten Kräften hatten die Mitglieder von Líthica schon nach einem Jahr eines der besonders schönen Steinbruchensembles, die Pedreres de s'Hostal bei Ciutadella, vom Unrat befreit und damit begonnen, das erste Steinbruchmuseum der Insel zu gestalten.

Erste Orientierung

Verlässt man Ciutadella in Richtung Maó und folgt am großen Kreisel dem Hinweisschild mit der Aufschrift »Pedreres de s'Hostal«, erreicht man bald den Parkplatz des Steinbruchmuseums. Auf den ersten Blick sieht die gesamte Umgebung wenig einladend und eher wie eine große Baustelle aus. Aber man muss eintauchen in die wunderbare, halb verborgene Welt der Steinbrüche, um ihren ganzen Zauber zu erfahren. Am Eingang erwartet den Besucher ein Informationszentrum mit verschiedenen Broschüren, Büchern, Plänen, Fotos, Postern und kleinen aus Kalkstein gearbeiteten Figuren. Mit dem Lageplan ausgerüstet, kann der Besucher dann eigene Wege gehen. Hinweisschilder und Schautafeln helfen bei der Orientierung.

Aus Kalksteinen gebautes Labyrinth

Das Steinbruchmuseum erlaubt Einblicke in den Bauch der Erde

Streifzüge durch die alten Steinbrüche

Das gesamte Gelände unterteilt sich in zwei völlig unterschiedliche Bereiche. In der Nähe des **Eingangs** 1 befindet sich der moderne, maschinell abgebaute Steinbruch mit zwei großen kubenförmigen Vertiefungen, weiter östlich liegen die labyrinthartigen alten Steingruben.

Wenn man dem Informationshäuschen den Rücken gekehrt hat, folgt man am besten rechter Hand dem breiten Weg, der oberhalb der tiefen Gruben entlangführt und mehrere Aussichtspunkte bietet. Dann lässt man links einen weiteren breiten Weg hinter sich und steigt hinab in den **alten Teil der Steinbrüche** 2 . Dort wurden bis in die 1950er-Jahre die Steine in Handarbeit aus dem Felsen gehauen. Die *Escoda*, ein Handwerkszeug, das einem Hammer ähnelt, hinterließ an den Steinwänden charakteristische Kratzspuren. Ein *Trencador*, wie die Steinbrecher genannt werden, konnte täglich bis zu zehn Blöcke aus dem Muttergestein hauen. Durch die Suche nach qualitativ hochwertigem weichem Marèsstein sind kleine labyrinthartige, verwunschene und unwirklich anmutende Anlagen entstanden, mit Treppchen, Terrassen und merkwürdigen Kanten und Rundungen. Der Besucher kann dort schattige, stille, verwunschene Gärten durchstreifen, kuriose Figuren entdecken, an Wasserbecken und auf Mosaiksteinbänken rasten, wild wachsende Feigenbäumen und Erdbeersträucher, neu angepflanzte Obstbäumchen und Beete mit aromatischen oder medizinischen Pflanzen betrachten. In den letzten Jahren ist in diesem Bereich ein botanischer

Rundweg entstanden, der Aufschluss gibt über die menorquinische Pflanzenvielfalt. Einer der beschaulichsten Orte in diesem Teil der Anlage ist zweifellos der sogenannte **mittelalterliche Garten** 3, der mit dem murmelnden Wasser seines Springbrunnens an einen stillen Klosterhof erinnert.

Im neuen Teil der Steinbrüche

Steigt man aus der verwunschenen Welt der alten Steingruben wieder an die Oberfläche, passiert man die mit Wasser gefüllten Becken eines weiteren ehemaligen Steinbruchs. Dort haben verschiedene Wassertiere wie Kröten und Frösche einen neuen Lebensraum gefunden. Anschließend gelangt man dann auf abschüssigem Weg hinunter in die beiden kubenförmigen Vertiefungen des **modernen Steinbruchs** 4. Unterwegs hat man Einblick in die benachbarte, heute noch aktive Anlage, wo man nicht selten die Arbeiter bei ihrem schweren Handwerk beobachten kann. Bevor man auf den Grund der beiden kubenförmigen Ausschachtungen gelangt, kann man anhand von Schautafeln, Handwerksgerät und Maschinen mehr über den Beruf des Steinbrechers erfahren.

Mitte des 20. Jh. veränderte sich die traditionelle Arbeitsmethode in den Steinbrüchen. Von diesem Moment an benutzte man von Loren angetriebene Kreissägen. Dadurch entstanden kubenförmige, bis zu 40 m tiefe Freiräume, deren Wände ein ganz anderes Aussehen haben als die manuell abgebauten Steingruben. Sie sind nicht mehr nach innen gebogen, sondern gerade und haben tiefe senkrechte Einkerbungen, die wie geometrische Muster anmuten. In den Felsspalten dieser steil aufragenden Kalksteinwände haben Turmfalken und andere Raubvögel Nistplätze gefunden.

In diesem Bereich finden wir schließlich das Wahrzeichen der Vereinigung Líthica: **der Totem.** Diese Figur ist das Verbindungsglied zwischen den modernen und den alten Steinbrüchen, die beide ihre ganz eigene Persönlichkeit besitzen und durch ihre Formen- und Farbensprache alle Besucher faszinieren.

Infos

Pedreres de S'Hostal: Camí Vell, km 1, Ciutadella, Tel. 971 48 15 78. www.lithica.es, Mai–Sept. Mo–Sa 9.30–14.30, 16.30 bis Sonnenuntergang, So 9.30–14.30. Okt.–April Mo–So 9.30–14.30 Uhr.

Veranstaltungen im Steinbruch

In lauschigen Sommernächten bietet das Steinbruchmuseum einen außergewöhnlichen Rahmen für Theateraufführungen, Konzerte und Freiluftkino. Auch für Werbespots und private Events ist der Steinbruch ein wunderbarer Platz. Tagsüber nutzen Kunstvereine die Lokalität für Kurse und Workshops, während Schulklassen gerne den botanischen Wanderpfad besuchen.

Wer noch mehr wissen will

Ein von Líthica publizierter **Bildband** mit dazugehörigem Inselplan informiert über die anderen Steinbrüche Menorcas, von denen jeder einen eigenen Charakter besitzt.

Erwähnung verdient u. a. die **Pedrera de Santa Ponça** (▶ F/G 5) bei Alaior, deren Kalksteinwände hoch in den Himmel ragen. Dieser wenig besuchte Steinbruch wurde im Jahre 2002 gesäubert und für die Öffentlichkeit zugänglich gemacht.

südlich von Ciutadella auf dem Weg zu den Naturstränden Cala en Turqueta (▶ C 5) und Cala Macarella (▶ C 5). Während der Johanniswoche ist die weiß gekalkte Landkirche Ziel einer Reiterprozession.

Cala Morell ▶ B 2

In der nördlich von Ciutadella gelegenen Bucht kontrastieren bizarre rötliche Felsformationen mit dem tiefblauen Meer und schneeweißen Ferienhäusern. Im oberen Teil der Bucht liegt ein weit verzweigtes Höhlensystem, in dem die Ureinwohner einst die Gebeine ihrer Verstorbenen bestatteten. Am Meer findet man einen kleinen Sandplatz und Steinplatten, die rund um die Bucht führen.

Bei der Anfahrt passiert man den von Feigenkakteen umgebenen Wachtturm **Sa Torre d'en Quart** (▶ B 3), der Teil eines Bauernhauses ist und dessen Ursprung bis auf das 14. Jh. zurückgeht. Er ist ein typisches Beispiel für die menorquinischen Wehrhöfe, in denen die Landbevölkerung bei Piratenangriffen Schutz suchte.

Übernachten

Ländlich – **Biniatram:** Carretera Cala Morell, auf der Landstraße Richtung Ciutadella nach 1 km auf der linken Seite abzweigen, Tel. 971 38 31 13, www.biniatram.com, DZ ab 60 €. Altes Landgut mit eigener Kapelle, rustikalen Unterkünften, schönem Pool, Garten und Tennisplatz.

Essen und Trinken

Urig – **Troglodita's:** Tel. 669 19 75 24, tgl. 13–16, 19–23 Uhr. In einer Felshöhle oberhalb der Bucht eingerichtetes Lokal. Es gibt Reisgerichte und Fischtöpfe ab 15 €.

Sport und Aktivitäten

Strand – **Cala d'Algaiarens** (▶ C 2): Östlich von Cala Morell (auf einer gesonderten ausgeschilderten Abzweigung zu erreichen) erstrecken sich auf Privatgebiet die herrlichen Naturstrände von Algaiarens.

Reiten – **Cavalls Son Angel:** Camí d'Algaiarens, Tel. 609 83 39 02, www.cavallssonangel.com. Auf dem 200 ha großen Landgut kann man Pferde und Ponys ausleihen, Reitkurse belegen und Ausflüge durch den Wald unternehmen.

Sa Caleta und Cala Santandria ▶ A 4

Der britische Verteidigungsturm Es Castellar schützt den Eingang zu einer langgestreckten Bucht, deren Arme an den malerischen Stränden von Cala Santandria und Sa Caleta enden. Die winzige Bucht **Sa Caleta** ist mit feinem, schneeweißem Sand ausstaffiert und von hübschen Häuschen aus dem frühen 20. Jh. umgeben. Auch wenn weiter im Landesinneren Großhotels mit Nonstop-Animationsprogramm entstanden sind, hat der idyllische Badeplatz nichts von seinem alten Charme eingebüßt.

Die malerische **Cala Santandria** wird von in den Fels geschlagenen Höhlen umgeben, die einst von den Ureinwohnern als Begräbnisstätten und heute von den Einheimischen als Wochenenddomizile genutzt werden.

Übernachten

Strandhotel – **Bahia:** Cala Santandria, Tel. 971 38 26 44, www.bahia-poseidon.de, DZ 90–120 € (mit obligatorischer Halbpension). Einer der ersten Unterkunftsbetriebe der Insel, der bis heute den Charme eines typischen Strandhotels bewahrt hat. 15

geräumige Zimmer, Nr. 4 und 5 besitzen jeweils eine große Terrasse über dem Meer. Das hübsche Restaurant bietet neben guter Küche auch noch einen herrlichen Ausblick..

Essen und Trinken

Schöne Lage – **Sa Nacra:** Cala Santandria, Tel. 971 38 62 06, tgl. 12.30 bis 15.30, 18–23.30 Uhr. Eine mit Skulpturen ausgestattete Höhle als Speisesaal mit Terrasse direkt am Meer. Im Scheinwerferlicht tummeln sich Schwärme von armdicken Fischen. Kaninchengerichte und Fleischspießchen ab 10 €.

Sport und Aktivitäten

Tauchen – **Tauchschule Poseidon:** Im Hotel Bahia (s. o.). Eigenes Boot mit täglichen Ausfahrten u. a. zum Top-Spot Pont d'en Gil, wo sich eine der schönsten Höhlen der menorquinischen Unterwasserwelt befindet.

Infos

Bus: tgl. alle halbe Stunde nach Ciutadella.

Cala Blanca ▶ A 4

Südlich von Ciutadella gelegene weitläufige Feriensiedlung mit hübschen Privathäusern, vielen Bäumen, drei mittelgroßen Hotels und einigen Apartmentanlagen. Der weiße, feinsandige Strand am Ende einer fjordartigen Bucht wird von einem Kiefernwäldchen und terrassenförmig angelegten Grünflächen mit Bänken und Kinderspielplatz begrenzt. Zu beiden Seiten der Bucht dienen Steinplatten, Leitern und Stufen als versteckte Sonnen- und Badeplätze. Eine kleine Kapelle und die Shoppingmeile mit Boutiquen, Bars und Restaurants bilden eine Art Ortskern.

Übernachten

Gepflegt – **Hotel Sagitario:** Tel. 971 38 28 77, www.hotelsagitario.com, DZ 59–158 €. Zweistöckige Hotelanlage mit 72 geschmackvoll eingerichteten Zimmern, Restaurant, Garten, Pool, Hallenbad, Boutique, Abendunterhaltung. Ruhigere Zimmer zum Garten.
Erstklassig – **Hotel Mediterrani:** Tel. 971 38 42 03, DZ 65–172 €. Strandnahes Hotel mit tropischem Garten und Pool, gepflegte Atmosphäre in der Bar und im Restaurant. Tennisplatz, Fahrradverleih.

Essen und Trinken

Familiär – **Il Vespro:** Avinguda de la Mar, Zona Comercial, Tel. 971 48 05 70, Mi–Mo 13–15, 19–23, Di 19–23 Uhr. Beste Lage mit Meerblick und ausgefallene Gerichte ab 14 €.
Rustikal – **Es Caliu:** Carretera Ciutdella–Cala Blanca, Tel. 971 38 01 65, tgl. 12.30–15.30, 18–23.30 Uhr. Grilllokal, bekannt für butterzarte Steaks, Spanferkelbraten und Riesenportionen Lammschulter (Hauptgerichte 13 bis 24 €).

Ausgehen

Irish Pub – **The Blarney Stone:** Avinguda de Cala Blanca im Centro Comercial, tgl. 11–3 Uhr. Bester Platz für den Sonnenuntergang: mit Poolbillard, dunklem Stout und natürlich Irish Coffee.

Sport und Aktivitäten

Baden – Außer am kleinen Sandstrand von Cala Blanca gibt es im nördlichen Teil der Siedlung, vor dem Hotel Blancala, und in der Bucht Clot de Sa Cera schöne Badeplätze.

Infos

Bus: 15 x tgl. nach Ciutadella, 1 x tgl. nach Cala en Bosc.

Son Xoriguer und Cala en Bosc ▶ A/B 5

In den Hotel- und Apartmentanlagen rund um die beiden Sandbuchten Son Xoriguer und Cala en Bosc sowie am steinigen Cap de Artrutx beim Leuchtturm können mehr als 7000 Urlaubsgäste ihre Ferien verbringen. Es handelt sich um das größte Feriengebiet der Insel. Besonders bei deutschen Familien sind die kinderfreundlichen Anlagen mit den gepflegten Grünflächen, den sanft ins Meer abfallenden Stränden und den vielen Sport- und Freizeitangeboten sehr beliebt.

Lago de Cala en Bosc **1**

Ursprünglich befand sich hinter der Sandbucht von Cala en Bosc ein Sumpfgebiet, dessen Wasserfläche zu einem künstlichen See mit Sportboothafen umgestaltet und durch einen künstlichen Kanal mit dem Meer verbunden wurde.

Übernachten

Freundlich – **Club Ciudadela 1**: Son Xoriguer, Tel. 971 38 71 05, www.surf sailmenorca.com, 50–130 €. Kleine Apartmentanlage mit blau-weißen Häuschen, hübschem Garten und Pool, Mountainbike-Verleih.

Zauberhaft – **Windrose 2**: Urbanizació Son Xoriguer, Tel. 971 38 71 16, www.apart-menorca.de, Bungalow für 45–175 €. Schöne Bungalowanlage nur wenige Meter vom Strand Son Xoriguer entfernt. Häuser mit Kamin und Terrasse.

Essen und Trinken

Restaurantmeile: Rund um den See gruppieren sich viele Lokale, die besonders abends gut besucht sind.

Prima Fisch – **Café Balear 1**: Lago 16, Tel. 971 38 73 66, tgl. 12.30–16,

19–23 Uhr, ab 7 €. Das hauseigene Fischerboot sorgt für Fangfrisches aus dem Mittelmeer.

Leuchtturm-Diner – **Es Far d'Artrutx 2**: Tel. 654 39 73 00, Mo–So 12–16, 19–23 Uhr. Das Restaurant hat 2010 neu eröffnet, es ist untergebracht im Leuchtturm am Südwestkap und bietet einen herrlichem Ausblick auf die Südküste und die Nachbarinsel Mallorca, die von dieser Stelle aus nur etwa 34 km entfernt liegt. Sehr empfehlenswert ist der Thunfischspieß orientalisch (9 €).

Sport und Aktivitäten

Wassersport und Bootsfahrten – **direkt 14 ▶ 1 – 4** S. 107

Wasservergnügungspark – **Aqua-rock 5**: Hinter dem Hotel Marinda Garden, Tel. 971 38 78 22, www.aqua rockmenorca.com, tgl. 10.30–22.30 Uhr. Ein moderner Wasserpark mit Rutschen, Wellenbad, Whirlpool. Außerdem gibt es Hüpfburgen und eine Go-kart-Bahn.

Reiten – **Son Olivar Nou:** Cala en Bosc–Ciudatela, km 1 (nach Verlassen der Feriensiedlung auf der rechten Seite der Landstraße), Tel. 655 26 25 77. Der Reiterhof bietet Kurse und Ausritte an.

Infos

Mini Tren: Der Minizug fährt durch die ganze Siedlung.

Bus: Alle 30–60 Min. nach Ciutadella, Abfahrtsstellen an verschiedenen Punkten des Feriengebietes.

In der Umgebung

Auf dem **Camí de Cavalls**, dem Pferdeweg, kann man einmal um die ganze Insel wandern. Ein besonders schöner Abschnitt liegt zwischen Son Xoriguer und der **Cala en Turqueta** (▶ C 5, **direkt 15 ▶** S. 109).

14 | Wassersport für jeden – in Son Xoriguer und Cala en Bosc

Karte: ▶ A/B 5

Mit einer Küstenlinie von mehr als 200 km, unberührten Naturstränden und glasklarem Meer bietet Menorca ideale Bedingungen für Segel-, Surf- und Tauchaktivitäten. Das Feriengebiet von Cala en Bosc–Son Xoriguer gehört zu den besten Wassersportzentren der Insel und bietet Aktivurlaubern und Freizeitkapitänen vielerlei Möglichkeiten.

Badestrände und Bootsfahrten

Rund um den künstlichen **See von Cala en Bosc** 1, der auch als Jachthafen dient, herrscht im Sommer reges Treiben. Dort starten zweimal täglich die beiden **Ausflugsschiffe Don Pancho und Amigo's** 1 zu dreistün-

digen Bootstouren zu den unberührten Badebuchten der Südküste. Freizeitkapitäne mit eigenem Sportbootführerschein können bei **P & F** 2 unter verschiedenen Bootstypen mit einer Kapazität von bis zu neun Personen wählen, um die Küste unter eigener Regie zu erkunden.

Tauchen

Die Unterwasserwelt Menorcas besticht durch ihr sauberes kristallklares Wasser mit großen Sichtweiten und reichem Fischbestand. Zu den Meeresbewohnern zählen Drachenköpfe, Muränen, Kraken und Langusten, im Frühjahr trifft man auch auf Bärenkrebse und Stachelrochen. Besondere Ziele sind die zahlreichen Unterwasserhöhlen und sagenumwobenen Schiffswracks. Zu den weltbekannten Hotspots gehört der **Pont d'en Gil** (▶ A 3) nördlich von Ciutadella. Es handelt sich um eine natürliche Felsbrücke, unter der sich eine 200 m lange Unterwassergrotte von großer geologischer Schönheit erstreckt. Vor der Südküste, unweit des Strandes von **Son Saura** (▶ B 5), finden erfahrene Taucher das Wrack der Malakoff, das in einer Tiefe von mehr als 30 m liegt.

Segeln, surfen, Wasserski

Der Strand von Son Xoriguer ist die richtige Adresse für verschiedene Funsportarten. Das dort beheimatete Wassersportzentrum **Surf & Sail** 3 bietet Kindern und Erwachsenen vielseitige sportliche Aktivitäten. Freunde des Segelsports haben die Wahl zwischen Segel-, Jollen- und Katamaransegelkursen. Fortgeschrittene können ihre Kenntnisse beim Manövertraining vervollständigen. Surfern werden Kurse für Anfänger und Fortgeschrittene, Surfen mit Trapez und Wide-Style-Boards geboten. Wasserskifans stehen zwei Wasserskiboote mit Paarski, Monoski oder Kneeboard sowie ein spezielles Trainingsgerät für Anfänger zur Verfügung. Alle Kurse werden von deutschsprachigen Lehrern geleitet.

Für Wasserratten, die ohne Kurse und Vorbereitung Spaß haben wollen, sind die Fahrten mit dem Bananaboat zu empfehlen. Zum Verleih stehen außerdem Kajaks, Surfbretter, Segelboote, Jollen und Katamarane diverser Segelgrößen sowie Motorboote, die ohne Bootsführerschein angemietet werden können. Sie sind ideal zur Erkundung der unberührten Strände im Inselsüden.

Informationsstelle für Wassersportaktivitäten
Estaciones Náuticas: Tel. 902 92 90 15, www.enmenorca.org.

Bootsfahrten
Don Pancho, Tel. 619 08 14 45, und **Amigo's – Holiday Lines,** Tel. 609 97 30 04 und 618 34 80 06, www.holidaylines-menorca.com, starten zweimal täglich zu Halbtagestouren entlang der Südküste. Voranmeldung empfehlenswert.

Bootsverleih
P & F: Lago de Cala en Bosc, Tel. 610 26 12 91, www.barcosdealquiler.com. Alle Boote sind mit Sonnendach, Badeleiter, Anker, Kühlbox und Schwimmwesten ausgestattet. Vermietung tage- und wochenweise. Preise ab 230 € pro Tag. Außerdem Verleih von vollausgestatteter Segeljacht mit Skipper für 6–7 Personen mit Kabine zur Übernachtung an Bord. www.velamenorca.com

Tauchschule
Sub Menorca 4: Centro Comercial, Tel. 609 65 69 16, www.submenorca.de. Diese direkt am Strand von Son Xoriguer beheimatete Tauchschule unter deutscher Leitung bietet Schnorchel- und Juniorkurse für Kinder ab zehn Jahren. Für Erwachsene gibt es auch Auffrischungskurse, Nacht-, Wrack- und Grottentauchen sowie PADI- und Dive-Master-Kurse.

Wassersportzentrum
Surf & Sail Water Sports Centre: Strand von Son Xoriguer, Tel. 629 74 99 44/659 95 93 12, www.surfsail menorca.com. Windsurfkurse ab 120 €, Segelkurse ab 55 € pro Stunde, Motorboote (ohne Bootsführerschein) für max. 4 Personen ab 130 € pro Tag.

Karte: ▶ B–C 5

Sant Francesc

Els Banyuls — Bellavista

Son Xoriguer — 1

Son Saura
Nou — 6

Talaia d'Artrutx
64 m — 8

2 — 3 — 4 — 5 — 7

Punta de
s'Alzina Dolça

Pesquera des
Compte

Punta des
Governador

Son Xoriguer

1 km

**Der Camí de Cavalls, der Pferde-
weg, der ehemals militärischen
Zwecken diente, folgt der Küstenlinie Menorcas und führt einmal rund um die Insel. Für Wan-
dervögel und Naturfreunde
stellt der Weg eine ideale Mög-
lichkeit dar, verschiedene Landschaftsformen in Küstennähe zu
erkunden und den Ausflug mit
einem erfrischenden Bad im
Meer zu kombinieren.**

Ein geschichtsträchtiger Weg

Obwohl man nicht mit exakter Genau-
igkeit die Ursprünge des **Camí de Cavalls** feststellen kann, so weiß man
doch, dass er im gesamten 18. Jh. als
Küstenweg benutzt wurde, um die einzelnen Verteidigungsanlagen miteinan-
der zu verbinden.

Über die Jahrhunderte waren weite
Strecken dieses Weges in Vergessenheit geraten oder durch private Besitz-

tümer versperrt. Durch die hartnäcki-
gen Bemühungen einer Bürgerinitiati-
ve, deren Mitglieder sich 14 Jahre lang
für die freie Benutzung eingesetzt haben, ist der geschichtsträchtige Weg
inzwischen wieder in seiner vollen
Länge für die Öffentlichkeit zugänglich
und bei Einheimischen und Fremden
als Wander- oder Spazierweg überaus
beliebt.

Von Son Xoriguer
nach Son Saura

Ausgangspunkt für diese Wanderung
auf dem historischen Küstenweg ist
der Strand von **Son Xoriguer** 1 in
der gleichnamigen Feriensiedlung. Am
östlichen Rand des Sandstrandes mar-
kiert ein Holzpflock den Beginn des
Weges. Rechts erhebt sich kerzenge-
rade der schwarz-weiß gestreifte Leuchtturm des **Cap d'Artrutx** (▶ A 5), dahinter bilden die hohen Berge der
Nachbarinsel Mallorca an klaren Tagen

Entlang des Camí de Cavalls gibt es viel unberührte Natur

eine schöne Kulisse. Hat man dem Strand den Rücken gekehrt, wird das Panorama links von einer kunstvoll aufgeschichteten Trockensteinmauer und rechts von mittelhohen Steilküsten mit felsigem Küstensaum bestimmt. Am Wegesrand wächst Rosmarin und Phönizischer Wacholder, in Meeresnähe gedeiht Meerfenchel, weiter im Landesinneren sprießt Heidekraut. Vor der Küste gruppieren sich kleine Felsinseln, auf denen Kormorane ihr Gefieder in der Sonne trocknen.

Nach ca. 25 Minuten erblickt man ein **weißes Häuschen 2** mit rotem Dach. Die an die Hauswand angebaute Bank ist ein idealer Rastplatz und schöner Aussichtspunkt. Neben dem Haus führt eine Treppe hinunter zu einem geheimen Bootsanleger, deren Zugangspforte jedoch oft versperrt ist. Hat man das Häuschen hinter sich gelassen, kann man bald in östlicher Richtung einen großen Teil der Südküste überbli-

cken. Nach etwa 10 Minuten Wegstrecke erreicht man einen pyramidenförmig gebauten Viehstall hoch über dem Meer, der Schafen und Ziegen als Unterschlupf dient.

Nach Umrundung der **Cala de Son Vell 3**, die einen beliebter Ankerplatz für kleine Boote darstellt, entdeckt man den Zugang zu einer halb unterirdisch gelegenen, von Säulen gestützten, künstlichen Höhle der Ureinwohner. Weitere Höhlen liegen im oberen Rand der Küstenfelsen.

Es Calons 4 werden die kleinen Buchten mit niedrigen Felsplatten und kleinen Sandplätzen genannt, die einen idealen Bade- und Picknickplatz darstellen. Bald stößt man auf mehrere Bunker und Schießscharten, die aus der Zeit des Spanischen Bürgerkriegs stammen. Nach einer guten Stunde kommt die Doppelbucht von Son Saura mit ihren beiden weißen Sandstreifen in Sicht. Bis zum Erreichen des ersten Strandabschnittes benötigt man weitere 5–10 Minuten. Teilstrecke: ca. 80 Minuten

Der Strand von Son Saura 5

Hinter der Doppelbucht von Son Saura erstreckt sich ein gut 10 ha großes Feuchtgebiet, der **Prat de Bella Vista** 6, der ein bedeutendes Ökosystem darstellt und Enten, Blässhühnern und anderen Wasservögeln einen Ruhepunkt bietet. Die schilfbestandene Wasserfläche wird von einem Wildbach und einer unterirdischen Quelle gespeist und ist durch eine Kanalisation mit dem Meer verbunden.

Im Hochsommer, zwischen Juni und September, wird der östliche Teil des Strandes um die Mittagszeit von Ausflugsschiffen angefahren, die dort kurzzeitig Station machen.

Von Son Saura zur Cala en Turqueta

Am östlichen Rand des Strandes von Son Saura führt der Weg um die Halbinsel herum, vorbei an der Punta des Governador und der gleichnamigen vorgelagerten Felsinsel, bis zur Minibucht der **Cala des Talaier** 7, die sich malerisch in die steinige Küste einfügt und in die sich nur wenige Badegäste verirren. Von Ausflugsschiffen bleibt dieser Badeplatz verschont. Hinter der Cala des Talaier steigt die Küste an und auf einer Anhöhe von 63 m erhebt sich der Atalaya d'Artrutx, ein ehemaliger Wachtturm, von dem man schon im 17. Jh. den gesamten Küstenstrich kontrollierte.

Der Strand der **Cala en Turqueta** 8 besteht aus zwei kleinen Sandabschnitten, die sich landeinwärts unter schattigen Pinien ausbreiten. Rund um die Bucht gibt es viel Wald mit Aleppokiefern und wilden Olivenbäumen, in der feuchten und kühlen Umgebung des Wasserkanals gedeihen auch Steineichen. Die rund um die Bucht in den Felsen geschlagenen Höhlen dienen den Einheimischen im Sommer als Wochenenddomizil. Teilstrecke: ca. 80 Minuten.

Sprachführer Spanisch (Katalanisch/Kastilisch)

Schon am Flughafen trifft der Besucher auf dreisprachige Hinweisschilder: Arrival – Arribada – Llegada (Ankunft) steht dort auf Englisch, Katalanisch und Kastilisch.

Ein auf Menorca geborener Insulaner redet mit der Familie, Freunden und Bekannten am allerliebsten auf *menorquí*, einer Mundart der katalanischen Sprache. Spricht er dagegen mit Kollegen oder Besuchern aus anderen Teilen Spaniens, schaltet er sofort auf Spanisch um. Von Ausländern wird nicht erwartet, dass sie Katalanisch oder gar Menorquinisch sprechen, wenn sie es jedoch mit einem freundlichen ›Bon dia‹ (Guten Tag) versuchen, ist die Begeisterung doppelt so groß.

Nach dem Ende der Franco-Diktatur wurden auf Menorca alle Orts-, Straßen- und Hinweisschilder ausgewechselt. Heutzutage findet man fast ausschließlich die ortsübliche katalanisch-menorquinische Version. Dies wird besonders bei der Bezeichnung der Hauptstadt (Maó = katalanisch, Mahón = spanisch) deutlich.

Auch an den Schulen ist die Unterrichtssprache inzwischen Katalanisch, und in vielen Bereichen des Alltags wird die katalanische Sprache speziell gefördert. Auf einer neben der Fischmarkthalle von Ciutadella angebrachten Tafel finden Einkäufer beispielsweise die spanischen und katalanischen Bezeichnungen aller angebotenen Waren.

deutsch	katalanisch	kastilisch
Allgemeines		
danke/vielen Dank	gràcies/moltes gràcies	gracias/muchas gracias
gern geschehen	de res	de nada
entschuldigen Sie bitte	perdoni	perdone
gestatten?	em permet?	¿permiso?
ja/nein	sí/no	sí/no
wer?/was?	qui?/qué?	¿quién?/¿qué?
wo?	on?	¿dónde?
wohin?/woher?	cap a on?/d'on?	¿a dónde?/¿de dónde?
wie?/wie viel?	com?/quant?	¿cómo?/¿cuánto?
wann?/warum?	quan?/perquè?	¿cuándo?/¿por qué?
gut/schlecht	bo/dolent	bueno/malo
billig/teuer	barat/car	barato/caro
schnell/langsam	ràpid/a poc a poc	rápido/despacio
Begrüßung, Verabschiedung		
guten Morgen/Tag	bon dia	buenos días
guten Abend	bona tarda,	buenas tardes
		bon vespre (Mallorquin)
gute Nacht	bona nit	buenas noches
auf Wiedersehen	adéu; adéu-siau	adiós
Hallo, wie geht's?	Hola, com va això	Hola, ¿qué tal?
Wie heißt Du?	Com et dius?	¿Cómo te llamas?
Wie heißen Sie?	Com es diu, vostè?	¿Cómo se llama usted?
Ich heiße …	em dic …	me llamo …
Unterwegs		
rechts/links	a la dreta/a l'esquerra	a la derecha/a la izquierda
geradeaus	tot dret; recte	todo recto

Stadt/Stadtviertel	ciutat/barri	ciudad/barrio
Straße (innerorts)	carrer	calle
Fernstraße/Allee	carretera/avinguda	carretera/avenida
Touristeninformation	informació turística	información turística
Polizei	policia	policía
Flughafen	aeroport	aeropuerto
zum Flughafen, bitte	A l'aeroport, si us plau!	!Al aeropuerto, por favor!
Schiff/Hafen	vaixell/port	barco/puerto
Fahrkarte(nschalter)	bitllet/taquilla	billete/taquilla
Ist geöffnet/geschlossen?	Està obert/tancat?	¿Está abierto/cerrado?
Wo ist eine Tankstelle?	On hi ha una benzinera?	¿Dónde hay una gasolinera?

Geld/Einkaufen

Preis/Wechselgeld	preu/canvi	precio/cambio
Was kostet das?	Això, què val?	¿Cuánto vale esto?
Ich brauche …	Necessito/necessit …	Necesito …
Ich suche …	Cerco / cerc …	Busco …

Übernachten

Haben Sie ein Zimmer frei?	Tenen habitacions lliures?	¿Tienen habitaciones libres?
Einzelzimmer	habitació individual	habitación individual
Doppelzimmer	habitació doble	habitación doble
Hotel/Pension	hotel/pensió	hotel/pensión

Notfall

Arzt/Zahnarzt	metge/dentista	médico/dentista
Krankenhaus	hospital	hospital
Apotheke	farmàcia	farmacia
Medikament	medicament	medicamento
Ich habe Fieber/	Tinc febre/	Tengo fiebre/
eine Erkältung/	un refredat/	un resfriado/
Kopfschmerzen/	mal de cap/	dolor de cabeza/
Bauchschmerzen	mal de ventre	dolor de estómago

Zahlen

1	u, un, una	uno, un, una
2	dos, dues	dos
3	tres	tres
4	quatre	cuatro
5	cinc	cinco
6	sis	seis
7	set	siete
8	vuit	ocho
9	nou	nueve
10	deu	diez
20/30/40	vint/trenta/quaranta	veinte/treinta/cuarenta
50/60/70	cinquanta/seixanta/setanta	cincuenta/sesenta/setenta
80/90	vuitanta/noranta	ochenta/noventa
100	cent	cien/ciento
200	dos-cents, dues-centes	doscientos, doscientas
1000	mil	mil

Kulinarisches Lexikon

katalanisch	kastilisch	deutsch

Zubereitung/Spezialitäten

albergínes farcides	berenjenas rellenas	gefüllte Auberginen
all i oli, aioli	alioli	Knoblauchmayonnaise
boccata	bocadillo	belegtes Brötchen
bullit, bollit	cocido	Eintopf mit gekochtem Fleisch und Gemüse
caldereta	caldereta	Eintopf meist auf Fischbasis
empanade/panada	empanadas	gefüllte Teigtaschen
ensaladilla	ensaladilla	Kartoffelsalat
pa amb oli	pan con aceite	Brot mit Öl, Tomaten, Käse oder Schinken
peix a la sal	pescado a la sal	Fisch in Salzkruste

Gewürze

mostassa	mostaza	Senf
pebre	pimienta	Pfeffer
sal	sal	Salz

Fisch und Meeresfrüchte

anfós	mero	Zackenbarsch
anxoves	anchoas	Sardellen, Anchovis
bacallà	bacalao	Kabeljau/Stockfisch
boquerons	boquerones	Sardellen
calamars	calamares	Tintenfisch
gamba	gamba	Garnele
llenguado	lenguado	Seezunge
lluç	merluza	Seehecht
musclos	mejillones	Miesmuscheln
ostra	ostra	Auster
peix	pescado	Fisch
rap	rape	Seeteufel
salmó	salmón	Lachs

Fleisch

botifarra	butifarra	Blutwurst
cabrit	cabrito	Zicklein
carnera	carnera	Rindfleisch
conill	conejo	Kaninchen
costella	chuleta	Kotelett
escalop	escalope	Schnitzel
llom	lomo	Schweinelende
llom	solomillo	Filet
mé	cordero	Lamm
pollastre	pollo	Hähnchen
porc	cerdo	Schwein

porcella	lechona	Spanferkel
pernil dolç	jamón york	gekochter Schinken
pernil salat	jamón serrano	luftgetrockneter Gebirgs- schinken
pilotes	albóndigas	Hackfleischbällchen
salsitxa	salchicha	Würstchen

Gemüse und Beilagen

all	ajo	Knoblauch
arròs	arroz	Reis
bolet	setas	Pilze
carabassons	calabacines	Zucchini
carxofa	alcachofas	Artischocken
ceba	cebolla	Zwiebel
col	col	Kohl
espinacs	espinacas	Spinat
faves	habas	weiße Bohnen
mongetes	judías	grüne Bohnen
olives	aceitunas	Oliven
patata	patata	Kartoffel
pèsol	guisantes	Erbsen
pebrot	pimientos	Paprikaschoten
tomàtigues	tomates	Tomaten

Obst

figa	higo	Feige
llimona	limón	Zitrone
maduixa	fresa	Erdbeere
melocotó	melocotón	Pfirsich
pinya	piña	Ananas
poma	manzana	Apfel
raïm	uva	Traube
taronja	naranja	Orange

Eier und Milchprodukte

formatge	queso	Käse
mantega	mantequilla	Butter
nata	nata	Sahne
ou	huevo	Ei

Getränke

aigua amb/sensa gas	agua con/sin gas	Mineralwasser mit/ohne Koh- lensäure
cafè amb llet	café con leche	Milchkaffee
cafè tot sol	café solo	Espresso
canya	caña	Bier vom Fass
cava	champán, cava	Sekt
cervesa	cerveza	Bier
herbes	licor de hierbas	Kräuterlikör
llet	leche	Milch
pal	palillo	inseltypischer Aperitif
suc	zumo	Saft
xerez	jerez	Sherry

Register

Register

Unterwegs mit Angelika König

Angelika König, seit 1983 in Spanien lebend, ist staatlich geprüfte Fremdenführerin der Balearen. Sie bereist im Winter oft ferne Länder und arbeitet in der Sommersaison auf Menorca, wo sie Besuchern gern die versteckten Schönheiten der Insel abseits der ausgetretenen Pfade zeigt. Sie schreibt Reiseführer in deutscher und spanischer Sprache, die u. a. im DuMont Reiseverlag und bei Ecos Travel Guides Barcelona erschienen sind.

Abbildungsnachweis

Hort de Sant Patrici, Menorca: S. 86, 88
Angelika König, Menorca: S. 50, 120
laif, Köln: S. 4/5 (Body); Umschlagklappe vorn (Eid); 94 (Heuer); Titelbild, 9, 39, 56, 68, 98/99, 102 (Knechtel); 97, 101, Umschlagrückseite (Le Figaro Magazine/Martin); 10 (REA); 44 (REA/Perri)
Look, München: S. 61 (age fotostock); 32 (The Travel Library)
Mauritius, Mittenwald: S. 42, 47, 48, 53, 72, 78, 83, 110 (Age); 13, 64, 76 (Alamy); 90 (Cubolmages); 80/81 (imagebroker/Kreder); 28/29, 55, 85 (Siepmann)
picture-alliance, Frankfurt: S. 7 (Arco Images GmbH); 67 (Wilms)

Kartografie

DuMont Reisekartografie, Fürstenfeldbruck
© DuMont Reiseverlag, Ostfildern

Umschlagfotos

Titelbild: Am Strand Cala Macarella an der Südküste westlich von La Serpentona
Umschlagklappe vorn: Kirchturm von Binibequer Vell

Hinweis: Autorin und Verlag haben alle Informationen mit größtmöglicher Sorgfalt geprüft. Gleichwohl sind Fehler nicht vollständig auszuschließen. Alle Angaben erfolgen ohne Gewähr. Bitte, schreiben Sie uns! Über Ihre Rückmeldung zum Buch und Verbesserungsvorschläge freuen sich Autorin und Verlag:
DuMont Reiseverlag, Postfach 3151, 73751 Ostfildern,
info@dumontreise.de, www.dumontreise.de

2., aktualisierte Auflage 2013
© DuMont Reiseverlag, Ostfildern
Alle Rechte vorbehalten
Redaktion/Lektorat: Hans-Joachim Schneider, Anne Winterling
Grafisches Konzept: Groschwitz/Blachnierek, Hamburg
Printed in Germany